공부기본기

중학 국어
개념어

문학 : 독해 : 문법 : 화법

글 강혜원

북아이콘

공부기본기 **중학 국어** 개념어

문학 | 독해 | 문법 | 화법

1판 1쇄 발행 2015년 3월 20일
1판 3쇄 발행 2018년 1월 10일

지은이 강혜원
펴낸이 이재성
기획편집 김민희
디자인 나는물고기
마케팅 이상준

펴낸곳 북아이콘
등록 제313-2012-88호
주소 07228 서울시 영등포구 영신로 220 KnK디지털타워 1102호
전화 (02)309-9597(편집)
팩스 (02)6008-6165
메일 bookicon99@naver.com

ⓒ강혜원, 2015
ISBN 978-89-98160-09-8 53710

공부기본기

중학 국어
개념어

문학 : 독해 : 문법 : 화법

글 강혜원

북아이콘스쿨

01:

공부는 무엇보다 기본기가 우선입니다.

게임이나 스포츠도 규칙을 모르거나 요령이 없을 때는 재미도 없고 실력도 늘지 않지만, 그 규칙이나 요령을 알고 나면 쉬워지고 흥미가 생겨납니다. 공부도 마찬가지로 알면 재미있고, 재미가 있으면 더 열심히 하고 잘할 수 있게 되는 것입니다.

운동선수에게 기초 체력이 중요하듯이, 공부하는 학생에게는 공부의 기본기가 무엇보다 중요합니다. 기초가 잘 닦여 있어야 응용도 가능하고, 실전력도 생기기 때문입니다. 이에 반해 기본기가 탄탄하지 못하면, 상황 변화에 따른 대응력이 떨어져 쉽게 흔들리게 됩니다. 국어, 수학, 영어, 사회, 과학 등 모든 과목 학습에 있어 튼튼한 기본기가 뒷받침되어야 하는 것입니다. 이러한 공부의 기본기를 갖추는 데는 시간이 걸리지만 궁극적으로는 훨씬 빨리 도달하는 지름길이며, 꼭 통과해야 하는 외나무다리인 것입니다.

02:

개념 이해는 국어 학습에 가장 중요한 기초입니다.

개념이란 많은 지식과 정보의 핵심을 체계화한 것으로, 개념 학습은 공부의 시작이자 끝이라 할 수 있습니다. 즉, 모든 공부의 기본은 개념을 아는 것에서 출발합니다. 요즘은 교과 개념을 이해하는 방식으로 학습이 이루어지며, 예전처럼 교과 내용을 단순히 외우는 방법으로는 제대로 된 실력을 쌓을 수 없습니다.

그러나 대부분의 학생들은 개념을 익히는 것을 힘들어 합니다. 개념어는 단순한 어휘가 아니라 많은 지식이 담겨 있기 때문입니다. 국어 또한 마찬가지입니다. 국어에는 학생들이 어려워하고 선생님들도 가르칠 때 애를 먹는 문학 관련 개념어(시, 소설, 수필, 희곡 등)를 비롯해 글을 읽는 데 필요한 개념어, 문법과 관련된 개념어 등 수많은 개념어가 있습니다. 이러한 기본 어휘나 개념을 알아야 국어의 이해력이 향상되는 것입니다.

03:

개념어만 알아도 국어가 재미있고 쉬워집니다.

국어는 기본 개념부터 확장된 개념까지 정확히 이해해야만 점수를 올릴 수 있습니다. 개념을 확실히 알아야 여러 상황이나 조건에 적용하여 창의적으로 문제를 해결할 수 있기 때문입니다. 그러나 교과서나 참고서에 나오는 개념에 대한 설명은 친절하지 않고 이해하기 쉽지 않습니다. 이에 반해 이 책은 중학생 수준에 맞춰 국어의 개념어들을 차근차근 친근하게 설명해 줍니다. 굳이 책을 붙잡고 암기하지 않아도 읽다 보면 개념이 술술 이해될 것입니다.

이 책에는 시, 소설, 수필, 희곡 등 문학 관련 개념들과 독해, 문법, 화법 관련 개념들이 함께 실려 있습니다. 국어 개념어의 뜻을 잘 풀어서 제공함으로써 국어의 주요 개념을 명료하게 이해할 수 있도록 하였습니다. 풍부한 예시들과 함께 쉽게 풀어썼기 때문에 개념 파악뿐만 아니라 국어를 공부하는 재미도 느낄 수 있을 것입니다.

특히 개념어를 사전식으로 개별적으로 익히면 그 단어가 어디에 위치하고 있는지 숲을 보지 못하게 되어 학습 효과가 떨어집니다. 이에 반해 이 책은 개념어 학습이 각 영역별 계통 속에서 이루어질 수 있도록 구성하여 숲과 나무를 동시에 볼 수 있습니다.

04:

개념 학습을 통해 국어 학습 능력이 향상됩니다.

초등학생 때 공부를 제법 하던 학생이 중학교에 올라가서 성적이 떨어지는 데에는 여러 가지 이유가 있겠지만 일차적으로는 약한 어휘력과 더불어 개념에 대한 이해가 부족하기 때문입니다.

이 책은 중학생들의 어휘력과 독해력이 늘어나고 폭넓게 사고할 수 있도록, 중학생들에게 꼭 필요한 문학, 독해, 문법, 화법 등의 개념어 전반에 걸쳐 친절하게 해설하고 있습니다. 재미있게 읽고 이해하는 과정을 통해 국어 공부가 쉬워지는 것은 물론이고, 국어를 이해하는 안목이 깊어질 것입니다.

이 책의 차례

01 | **문학에 길을 묻다** | 문학은 무엇이며 어떤 역할을 하는가?   10쪽~19쪽

1 문학의 개념
2 문학 언어의 특성
3 문학의 조건
4 문학의 발생
5 문학의 기능
6 문학의 소통 구조와 문학 감상 관점

02 | **문학의 여러 얼굴** | 문학의 갈래   20쪽~33쪽

1 문학의 다양한 갈래 구분
2 대표 갈래의 더 작은 갈래들

03 | **너의 목소리가 들려** | 시의 화자   34쪽~47쪽

1 화자의 개념
2 화자의 종류
3 화자의 정서
4 시적 화자의 태도
5 화자의 어조

04 | **한마디에 담긴 무궁무진한 의미** | 시의 함축성과 음악성   48쪽~61쪽

1 시의 성격
2 시의 구성 요소
3 시의 운율
4 시의 심상

05 | **시의 요소들을 어떻게 배열할까** | 시의 전개 방식과 시의 발상   62쪽~77쪽

1 시상 전개
2 시의 발상과 표현

06 **할머니는 이야기꾼 |** 소설의 서술자   78쪽~87쪽

1 소설의 서술자 - 서술자는 어떤 사람인가
2 소설의 시점 - 서술자가 바라보는 세상
3 소설의 표현 방법 - 서술자는 어떻게 소설을 전개하는가?

07 **소설에 담긴 세상 |** 소설의 인물과 배경   88쪽~97쪽

1 소설의 인물
2 인물의 묘사와 성격 제시 방법
3 갈등
4 소설의 배경

08 **이 이야기를 어떻게 들려줄까 |** 소설의 주제와 구성   98쪽~107쪽

1 주제(theme)
2 구성(plot)

09 **내용을 드러내는 다양한 방법 |** 소설의 문체와 어조   108쪽~119쪽

1 문체의 개념
2 문체를 이루는 요소
3 문체의 갈래
4 소설의 어조

10 **삶을 본다, 삶을 느낀다 |** 희곡   120쪽~129쪽

1 희곡의 정의
2 희곡의 구성 요소
3 희곡의 장과 막
4 희곡의 구성 단계
5 시대에 따른 희곡의 모습
6 희곡의 유사 갈래

11 마음의 향기를 담는 문학 | 수필 130쪽~139쪽

1 수필의 개념
2 수필의 특성
3 수필의 구성 요소
4 수필의 종류
5 더 알아보기 - 기행문

12 옛 문학의 발자취 1 | 우리 운문문학의 흐름 140쪽~149쪽

1 고대의 운문문학
2 고려 시대의 운문문학
3 조선 시대의 운문문학

13 옛 문학의 발자취 2 | 우리 산문문학의 흐름 150쪽~161쪽

1 고대의 산문문학
2 고려 시대의 산문문학
3 조선 시대의 산문문학

14 울음소리가 들렸다 | 말을 이루는 모든 것들 162쪽~171쪽

1 말소리의 기본
2 우리말 음운 현상의 특징
3 우리말 음운의 규칙들
4 언어의 특성

15 단어에 담긴 세상 | 형태소, 단어, 품사 172쪽~185쪽

1 형태소와 단어
2 단어의 갈래
3 단어의 짜임
4 단어의 의미

16   **끝까지 들어봐 |** 문장성분과 문장의 짜임   186쪽~195쪽

   1   문장의 구성단위
   2   문장성분
   3   문장의 짜임

17   **말해보렴 들어줄게 |** 화법   196쪽~205쪽

   1   화법의 개념과 기본 요소
   2   화법의 유형에 따른 갈래

18   **인생은 표현이다 |** 수사법   206쪽~215쪽

   1   수사법

19   **이제 앎과 설득의 세계로 |** 설명문과 논설문   216쪽~224쪽

   1   설명문
   2   논설문

01 문학에 길을 묻다
문학은 무엇이며 어떤 역할을 하는가?

국어샘
길잡이

전라북도 남원에 가면 광한루라는 곳이 있습니다. 누각이 있는 것은 물론이고, 그네가 있고 연못이 있습니다. 그리고 춘향이의 사당도 있지요. 그곳은 우리 고전소설 〈춘향전〉에서 이도령과 춘향이가 만난 장소입니다. 이곳을 찾는 사람들은 춘향이와 이도령의 옷을 빌려 입고 사진을 찍기도 합니다. 자신들이 마치 사랑의 주인공이 된 것처럼.

어, 그렇다면 춘향 이야기는 실제로 있었던 사실인가요? 그렇지 않습니다. 어딘가에 그 비슷한 이야기는 있을 수 있겠지만 〈춘향전〉은 사실이 아닙니다. 입에서 입으로 전해져오던 설화가 바탕이 되어 꾸며진 이야기지요. 문학의 한 갈래인 소설입니다.

그렇다면 문학은 대체 무엇일까요? 우리가 어릴 때부터 읽었던 소설, 시, 수필, 희곡, 동화 같은 것들이 다 문학입니다. 그 공통점은 언어로 되어 있다는 것이지요. 그리고 한 작품 한 작품이 우리에게 어떤 가치를 전해줍니다. 실제 체험을 바탕으로 썼든 허구를 바탕으로 썼든 상상력을 토대로 한 것이지요. 사람들이 〈춘향전〉의 배경이 되었던 곳을 찾아가 자신이 춘향이나 이도령이 되어보는 것은 문학 작품에서 감동을 받았기 때문입니다.

이렇게 상상력에 바탕을 두고, 언어로 표현되어 있으며, 아름다움과 가치를 느끼게 하고, 우리에게 깊은 감동을 주고, 삶을 돌아보게 하는 것이 문학입니다. 이번 장에서는 문학이 무엇인지, 어떤 특성을 지녔으며, 어떤 역할을 하는지 생각해 보기로 합시다.

01 문학의 개념	– 언어예술로서의 문학/ 구비문학/ 기록문학
02 문학 언어의 특성	**(1) 언어의 기능** – 지시적 기능/ 명령적 기능/ 친교적 기능/ 정서적 기능/ 심미적 기능 **(2) 일상 언어** **(3) 문학 언어** – 함축성/ 다의성/ 정서적 언어
03 문학의 조건	– 형상화/ 개연성/ 보편성과 특수성/ 유기적 구조물/ 심미성/ 사상과 가치
04 문학의 발생	– 모방 본능설/ 유희 본능설/ 흡인 본능설/ 자기 표현 본능설/ 발생학적 기원설/ 발라드 댄스설(원시종합예술)
05 문학의 기능	– 교훈적 기능/ 쾌락적 기능/ 종합적 기능
06 문학의 소통 구조와 문학 감상 관점	**(1) 문학의 소통 구조** **(2) 작품 감상 관점** ❶ 내재적 관점 ❷ 외재적 관점(표현론적 관점/ 반영론적 관점/ 수용론적(효용론적) 관점

1 문학의 개념

┃ 언어예술로서의 문학 ┃ 미술이 선과 색, 음악이 소리로 아름다움을 표현한다면 문학은 언어로 아름다움을 추구하는 예술입니다. 시, 소설, 수필, 희곡…. 우리가 문학이라 부르는 작품들은 다 언어를 매개로 하고 있습니다. 언어는 문자언어, 음성언어 모두를 말합니다. 그렇다면 문자로 기록된 기록문학만이 아니라 구비문학도 언어예술인 문학인 것이지요.

> **: 음성언어** ┃ 말소리로 나타내는 언어
> **: 문자언어** ┃ 문자로 써진 언어

┃ 구비문학 ┃ 구비문학(口碑文學)은 구전문학(口傳文學)이라고도 합니다. '구전'은 말로 전한다는 뜻이며, '구비'는 말로 된 비석이라는 뜻입니다. 비석에 새긴 것처럼 사람들에게 전해져 내려온다는 것이겠지요. 그러니까 구비문학은 입에서 입으로 전해져 온 문학, 즉 말로 된 문학이구나 하고 이해하면 되겠지요. 설화, 민요, 무가, 판소리, 수수께끼, 속담 같은 것이 구비문학입니다.

┃ 기록문학 ┃ 구비문학과 대응되는 개념입니다. 구비문학이 말로 전해진 문학이라면 기록문학은 문자언어로 기록된 문학입니다. 한시나 한문수필, 한글 창제 이후에 창작된 시가나 소설 등이 모두 기록문학이에요.

2 문학 언어의 특성

문학에 사용하는 언어는 우리 일상 언어와 다를까요? 물론 일상 언어의 모습도 문학 속에는 두루 담겨 있습니다. 그러나 문학 언어는 우리가 생활 속에서 사용하는 말과는 다른 특성을 갖고 있습니다. 우선 언어의 기능을 살펴보고, 일상 언어와 비교하여 문학 언어의 특성을 살펴보기로 하지요.

(1) 언어의 기능

┃ 지시적 기능 ┃ 사전적 의미를 지니며 사실이나 정보를 전달하는 기능입니다. 교실에

서 선생님이 하는 수업, 뉴스, 신문 기사 등을 생각해 보세요. 우리에게 지식이나 정보를 전달해 주고 있지요. '오늘 날씨가 맑습니다.'라고 말하면 그 말 그대로 이해하면 되는 거예요. 아, 오늘은 비나 눈이 오지 않고 해가 쨍쨍한 날이구나 하고 이해하면 되는 것이지요.

▌**명령적 기능** ︙ 듣는 이에게 무언가를 하도록 요구하는 기능입니다.

▌**친교적 기능** ︙ 말하는 이와 듣는 이의 친밀한 관계를 확인하기 위한 기능을 말합니다. 길을 가다가 동네 분들을 만났어요. 무슨 말을 건넬까요? "안녕하세요? 날씨가 맑네요." 흔히 건네는 인사말이죠. 날씨가 맑다는 정보를 전하는 것이 아니라 친근함을 나타내며 건네는 말입니다.

▌**정서적 기능** ︙ 언어를 통해 말하는 이의 정서나 판단이 드러나는 기능을 말합니다. "날씨가 맑으니 기분이 좋다."고 말하면 말하는 이의 마음 상태를 표현하는 거겠지요.

▌**심미적 기능** ︙ 언어를 아름답게 표현하는 기능을 말합니다. 시 한편을 보세요.

> 하늘은, 머얼리서 오는 하늘은,
> 호수처럼 푸르다.
> 호수처럼 푸른 하늘에,
> 내가 안긴다. 온몸이 안긴다.
>
> _ 박두진, 〈하늘〉

'그냥 하늘이 푸르고 참 편안해 보인다.' 그런 뜻일 것 같은데 반복적인 표현, 운율감, 비유법 등을 사용하여 아름답게 표현하고 있습니다. 잘 만들어진 그릇, 예쁘게 피어난 꽃처럼 아름다움을 느끼게 하네요.

(2) 일상 언어

일상 언어는 우리 생활 속에서 사용되는 언어입니다. 위에서 말한 언어의 기능이 두루 담겨 있겠지만 의사소통과 사실 전달이 주목적입니다. 언어의 지시적 기능이나, 명령적 기능, 친교적 기능 등이 주로 작용할 것입니다.

(3) 문학 언어

언어의 모든 기능이 두루 담겨 있지만 정서적 기능과 심미적 기능이 일상 언어보다 두드러지겠지요. 그래서 문학 언어는 함축적이고, 다의적이며, 정서적입니다.

▎**함축성** ▏밤에 길을 가다가 "저기 별이 떴네."라고 말한다면 그것은 밤하늘의 행성을 가리키는 말이지요. 이럴 때의 언어는 지시적 기능을 가진 언어입니다. 그런데 시 속에서 "내 마음에 별이 떴네."라고 한다면 그 때의 별은 행성 이상의 의미를 갖고 있습니다. 상황에 따라선 희망이나 동경일 수도 있고, 사랑하는 이일 수도 있고, 가고 싶지만 갈 수 없는 어떤 곳일 수도 있습니다. 이렇게 언어가 풍기는 분위기, 다의성, 상징성 등을 두루 담아내는 의미가 바로 언어의 함축성입니다.

▎**다의성** ▏다의성은 함축성과 비슷한 개념이라 볼 수 있겠지요. 하나의 단어가 단일한 의미를 지니는 것이 아니라 암시적으로 여러 의미를 드러내는 것을 뜻합니다. 최인훈의 소설 〈광장〉에서 광장은 '사람들이 많이 모이는 넓은 공간'만을 의미하지는 않습니다. 개인의 공간인 밀실과 상반되는 개념이기도 하고, 개인보다 집단을 중요시하는 사회를 가리키는 개념이기도 하지요.

▎**정서적 언어** ▏문학의 언어는 논리적이거나 과학적인 언어가 아닙니다. 언어를 통해 정서를 표현하고 독자에게 감동을 줍니다. 다시 '별' 이야기로 돌아가 볼까요. 과학에서 별에 대해 이야기한다면 '천체 내부의 에너지 복사로 스스로 빛을 내는 천체'라고 말하겠지요. 이와 함께 별의 생성과 소멸에 대한 과학적 지식을 말해줄 것입니다. 그러나 문학에서 별은 반짝이는 그 무엇, 마음에서 빛나는 그 무엇 등 다양한 의미를 담아낼 것입니다. 문학 작품을 읽을 때, 별이라는 단어를 만날 때, 우리 가슴은 알 수 없는 그 무엇으로 출렁이겠지요.

❸ 문학의 조건

언어로 되어 있고 상상과 정서에 바탕을 둔다고 하여 다 문학이 될 수는 없습니다. 이것저것 재료가 있다고 다 집이 아니듯 말입니다.

┃형상화┃ 문학은 가치 있는 내용을 구체적인 형상으로 표현합니다. 형상이란 사물의 모양이나 생김을 뜻하지요. 예를 들어볼까요. 누군가 남녀 간의 절절한 사랑을 말하고 싶어요. '사랑은 아름답고 뜨거워'라고 아무리 말해도 그건 문학이 아닙니다. 구체적인 형상을 그려내야 하지요. 〈로미오와 줄리엣〉에서 셰익스피어가 말하고자 했던 것은 그 뜨거운 사랑입니다. 거기에는 사랑하는 두 사람이 등장하고, 두 사람을 둘러싼 다양한 인물이 있고, 만남과 역경의 사건들이 이어집니다. 그리고 이것은 연극으로 공연되기 위한 여러 장치를 갖고 있습니다. 대사와 행동이 있고 무대가 있습니다. 이렇게 하나의 잘 짜여진 작품일 때 형상화의 과정을 거쳤다고 말할 수 있지요.

같은 주제를 희곡이 아닌 한 편의 시로 형상화할 수도 있습니다. 김소월의 〈진달래꽃〉은 사랑하는 사람과 헤어지는 아픔을 그려냈지요. 영변의 약산 진달래꽃을 임이 가시는 길마다 뿌리겠다는 표현이며, '죽어도 아니 눈물 흘리우리다'라는 반어적 표현, 민요조의 운율 등으로 사랑의 아픔과 서러움을 절묘하게 담아냅니다.

이렇게 언어를 매개로 하여 내용과 표현이 잘 짜여져 구체적인 형상을 그리는 것을 '형상화'라고 합니다.

┃개연성┃ 개연성이란 '절대적으로 확실하지 않으나 아마 그럴 것이라고 생각되는 성질'이라는 사전적 의미를 갖고 있습니다. 문학은 개연성을 지녀야 한다고 하지요. 문학의 내용은 삶과 동떨어진 곳에서 발견해 내는 것이 아니라 우리 삶에서 충분히 일어날 수 있을 법한 것을 담아냅니다.

┃보편성과 특수성┃ '보편성'이란 어느 것에나 두루 통하는 성질을 말합니다. 반면 '특수성'이란 독특한 성질을 말하는 것이지요. 문학에는 이 두 가지가 다 담겨 있다고 할 수 있습니다. 〈춘향전〉은 인간 세상 어디에나 통하는 사랑과 정의라는 보편적 가치가 담겨 있지요. 또한 우리나라 사람이 더 깊이 이해할 수 있는 전통이 담겨 있습니다.

┃유기적 구조물┃ 문학은 잘 지어진 집과 같습니다. 또 다르게 보면 정신과 육체를 지닌 인간과도 같습니다. 정신이 빠져나간 인간을 우린 '미쳤다'고 하지요. 육체가 없이 정신만 존재하는 인간도 없구요. 잘 지어진 집처럼, 정신과 육체가 조화를 이루는 인간처럼 문학은 모든 요소들이 유기적으로 결합되어 하나의 작품을 이룹니다. '유기적'으로 결합되어 있다는 것은 각 부분이나 요소가 생명체처럼 결합되어 있어 떼어낼 수

없다는 뜻입니다.

▌심미성│심미성이란 아름다움을 알고 느끼는 성질을 말하지요. 모든 예술이 그렇듯 문학도 아름다움의 세계를 추구합니다. 물론 아름다움에 대해서는 생각하는 바가 두루 다를 것입니다. 이러이러한 것이 아름다움이라 잘라 말할 수는 없지만 우리는 내용과 표현이 조화를 이루는 시에서 아름다움을 느끼며, 줄거리가 잘 짜여지고 읽는 즐거움을 느낄 수 있는 소설이 아름답다고 생각합니다.

▌사상과 가치│문학 작품에는 작가의 인생관과 세계관이 반영되어 있습니다. 어떤 문학 작품에 담긴 세계관이 고결한 것이 아니라면, 오히려 저급한 가치관을 담아낸 것이라면 그 문학 작품은 위대한 것이 될 수 없겠지요. 예를 들어 스토우 부인의 〈톰 아저씨의 오두막〉을 생각해 보세요. 흑인 노예는 사람으로 취급하지 않아도 된다는 가치관이 담겨 있다면 그 작품이 아무리 재미있고 구성이 잘 되어있다 하더라도 훌륭한 문학 작품이 될 수 없습니다. 문학 작품은 인간의 존엄성, 인생과 사회에 대한 깊은 통찰이 담겨 있어야 할 것입니다.

④ 문학의 발생

그럼 문학은 언제부터 인류와 함께 했을까요? 문학의 기원에 관한 학설은 다양합니다. 그리스의 철학자 아리스토텔레스를 비롯한 여러 학자들이 문학의 기원에 대해 여러 가지 생각들을 펼쳤습니다.

▌모방 본능설│아리스토텔레스로부터 비롯된 이론입니다. 인간은 모방 본능을 가지고 있으며 모방으로 인해 즐거움을 갖는다고 보고 있지요. 이 본능 때문에 문학이 생겼다는 생각입니다.

▌유희 본능설│인간은 유희 본능을 가지고 있는데 여기서 문학이 발생했다는 설입니다. 즐겁게 놀고 싶은 마음은 우리 모두 갖고 있지요. 칸트, 쉴러, 스펜서 등이 이 학설을 주장했다고 해요.

▌흡인 본능설│인간이나 동물은 다른 이의 관심을 끌고 싶어 하는 본능을 가지고 있

으므로 이같은 본능(흡인 본능)에서 문학이 발생했다는 것이지요.

▎**자기 표현 본능설** ▏ 자기 자신을 표현하고 싶어 하는 본능에서 문학이 발생했다는 설입니다.

▎**발생학적 기원설** ▏ 문학이 삶과 관련된 데서 발생했다는 생각입니다. 이것은 문학의 실용성을 강조하는 이론입니다.

▎**발라드 댄스설(원시종합예술)** ▏ 문학은 음악, 무용, 문학이 미분화된 원시종합예술에서 분화, 발생하였다는 설로, 몰튼이 주장하였습니다. 제의적 기원설이라고도 하지요. 현재로서는 원시종합예술로부터 문학이 분화, 발전되어 왔다는 주장이 가장 힘을 얻고 있습니다.

5 문학의 기능

자, 그럼 우리는 왜 문학을 읽는 것일까요? 대체 문학은 어떤 기능을 할까요? 문학은 무용이나 음악, 미술 등 여러 예술과 함께 인간의 예술 활동 중 하나입니다. 아무런 역할이 없다면 사람들은 문학 작품을 읽지 않겠지요. 우리가 어릴 때부터 시나 소설을 읽으면서 문학에서 어떤 것을 얻었는지 생각해 보세요. 그것이 바로 문학의 기능이니까요.

▎**교훈적 기능** ▏〈흥부전〉을 읽으며 우리는 착하게 살아야겠다는 교훈을 얻었습니다. 〈신데렐라〉 같은 유럽의 동화를 읽으면서도 어려움 끝에 행복이 온다는 것, 악한 행동을 하면 반드시 벌을 받는다는 생각을 하게 되었지요.

▎**쾌락적 기능** ▏ 그런데 문학은 재미있습니다. 재미난 소설 한 편을 잡으면 시간 가는 줄 모를 정도로 빠져버립니다. 수십 권에 달하는 〈해리포터〉를 지치지 않고 읽은 경험이 있지 않나요? 문학의 쾌락적 기능은 아름다움과 재미를 통해서 독자에게 즐거움이나 미적 쾌감을 준다는 것이지요.

▎**종합적(綜合的) 기능** ▏ 그러나 문학의 진실한 기능이 어느 한 가지에만 치우치지는 않습니다. 문학은 우리에게 교훈을 주어 인생과 사회와 역사에 대해 생각하게 하지

요. 어느 것이 참다운 인생인지 물음을 던지게 합니다. 그러나 그것이 철학이나 역사 같이 지식이나 논리, 개념 등을 통해 다가오는 것은 아닙니다. 구체적인 사건이나 상황을 통해 감동으로 다가오지요. 그렇기에 이야기나 노래 속에 빠져들게 하고, 그것이 내 이야기인양 실감나게 다가오기도 하는 것입니다. 문학은 독자에게 정신적 즐거움을 주는 동시에, 삶이 무엇이며 어떻게 살아야하는지 묻게 합니다.

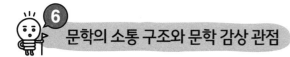

6 문학의 소통 구조와 문학 감상 관점

(1) 문학의 소통 구조

▌문학의 소통 구조 │ 작가는 문학을 통해 인간과 삶과 세계에 대한 자신의 생각을 말하거나 보여 줍니다. 작품 속에는 작가가 창조해낸 세계가 담겨 있지요. 그리고 독자는 작품을 통해 아름다움을 느끼기도 하고, 인간에 대해 배우기도 하지요. 작가 – 작품 – 독자로 이어지는 구조를 문학의 소통 구조라고 합니다. 이 같은 소통을 통해 우리는 우리 삶을 더 성숙시키며, 우리가 속한 사회를 발전시켜 나갑니다. 작가 – 작품 – 독자로 이어지는 소통 구조 속에서 작품을 감상하는 다양한 관점이 생겨납니다.

(2) 작품 감상 관점

❶ 내재적 관점

▌내재적 관점 │ 작품 안에서 작품을 감상한다는 뜻이네요. 내재적 관점이란 작품을 쓴 작가, 작품이 태어난 사회적 · 시대적 배경, 작품을 읽는 독자와 관련지어 작품을 보는 것이 아니라 작품의 내용이나 형식, 표현 등 작품 자체만 가지고 작품을 감상하는 관점입니다.

예를 들어 우리가 한용운 시인의 〈님의 침묵〉을 감상한다고 해볼까요.

"이 작품은 임과의 이별, 이별의 슬픔, 슬픔의 극복과 새로운 의지를 담아낸 작품이야. 영탄적 표현, 역설적인 표현이 눈에 띄네." 이렇게 작품 안의 내용과 표현을 중심으로 감상하는 것이 바로 내재적 관점입니다.

내재적 관점으로 작품을 감상할 때는 주로 '내용', '표현 방식'이나 '작품 구조' 등에 관심을 갖게 됩니다. 작품을 이해하고 감상하고 평가하는 기준이 오직 작품 안에만 들어있다고 해서 '절대론적 관점'이라고 말하기도 합니다. 존재하는 작품 자체만으로 작품을 이해한다고 보아 '존재론적 관점'이라고 말하기도 합니다.

❷ 외재적 관점

▎외재적 관점 │ 내재적 관점과 반대로, 작품의 작가는 어떤 사람이며 자신의 체험을 작품 속에 어떻게 담아내려고 했는지, 이 작품이 쓰인 시대적 상황은 어땠는지, 작품 속에는 그 시대상이 어떻게 반영되어 있는지, 작품을 읽는 독자는 어떻게 그 작품을 받아들일지 등 작품 밖의 요소들과 연결 지어 작품을 감상하는 방법을 외재적 관점, 외재적 접근 방법이라고 합니다. 작품 자체의 내용이나 형식, 표현만으로는 작품의 가치를 총체적으로 이해할 수 없다는 생각이겠지요. 외재적 접근 방법의 세 가지를 각각 표현론적 관점, 반영론(모방론)적 관점, 수용론(효용론)적 관점이라고 구분해서 부릅니다.

　　: 표현론적 관점 │ 작품이, '작가'의 체험이나 생각을 담아낸 것이라 보는 관점입니다. 이육사 시인의 〈절정〉을 감상할 때 그가 독립운동가로서 치열하게 살았던 삶이나 중국을 오고간 작가의 이력 등을 연결하여 감상한다면 표현론적 관점이겠지요.

　　: 반영론적 관점 │ 작품은, 그 작품이 태어난 사회 현실을 반영해 놓은 것이라는 관점입니다. 작품이 그 시대를 모방해 놓은 것이라는 뜻으로 '모방론적 관점'이라 부르기도 합니다. 현진건의 〈고향〉을 읽으며 1920년대 일제가 실시했던 토지조사 사업, 1920년대의 궁핍화 현상, 이농 현상 등과 작품 내용을 연결하여 탐구한다면 반영론적 관점으로 작품을 감상한 셈이겠지요.

　　: 수용론적(효용론적) 관점 │ 독자가 작품을 어떻게 이해하고 받아들이느냐에 초점을 맞추고 있기에 수용론적 관점이라 부릅니다. 작품이 독자에게 어떤 '효용(쓸모)'을 줄 것인지를 중심으로 작품을 감상하고 평가해야 한다는 관점이기도 하여 '효용론적 관점'이라 부르기도 합니다.

02 문학의 여러 얼굴

문학의 갈래

국어샘
길잡이

길거리에서 윤기가 흐르는 털을 가진 날렵한 개 한 마리를 보았습니다.

"야, 진돗개다."

개에 대해 지식이 있는 친구 한 사람이 그 말을 듣고 웃음을 터뜨리네요.

"저 개는 시베리안 허스키야. 썰매견이지. 극지방의 추위를 이겨내는 촘촘한 털을 가졌지."

또 한 명이 입을 삐죽거립니다.

"난, 그게 그거 같은데 뭐 그렇게 개의 종류가 많아. 진돗개, 풍산개, 푸들, 시베리안 허스키……."

개를 잘 아는 친구가 말합니다.

"이봐, 식물이나 동물을 분류하는 방법을 생각해 봐. 종, 속, 과, 목, 하는 거 생각나지? 개는 척삭동물문 > 포유강 > 식육목 > 개과 > 개속 > 회색늑대종이야. 이 종 안에 또 여러 종류의 개가 있는 거지."

쉽지 않은 구분이네요. 그저 개, 고양이, 늑대, 호랑이, 사자……. 이렇게 구분하면 쉬울 텐데 복잡한 분류의 체계가 있다니.

그런데 문학도 마찬가지입니다. 언어로 표현된 수많은 문학 작품을 몇 갈래로 나누고, 그것을 다시 작은 갈래로 나눕니다. 그 작은 갈래 안에서도 여러 기준에 따라 더 작게 나누기도 합니다. 이렇게 나누는 것은 그 갈래에 따라 우리가 작품을 감상하는 방법이 다르고, 글을 쓰는 작가도 그에 따라 다른 방식으로 작품을 창작하기 때문입니다.

우리가 흔히 알고 있는 문학의 갈래는 시, 소설, 수필, 희곡입니다. 그런데 동화는 어디에 넣을까요? 시조는? 드라마 대본은? 수수께끼나 민담은? 민요는?

20

그러고 보니 기준에 따라 갈래를 나누는 방법이 달라져야 할 것도 같고, 조금 더 큰 갈래가 필요할 것 같기도 하네요.

01 문학의 다양한 갈래 구분	**(1) 언어의 형태에 따른 갈래** – 운문문학/ 산문문학
	(2) 언어의 전달 방식에 따른 갈래 – 구비문학/ 기록문학(한문 문학/ 국문 문학)
	(3) 시대에 따른 문학의 갈래 – 고전문학/ 현대문학
	(4) 표현 양식에 따른 갈래 – 서정 갈래/ 서사 갈래/ 극 갈래/ 교술 갈래
02 대표 갈래의 더 작은 갈래들	**(1) 시의 갈래** ❶ **형식에 따라** : 정형시/ 자유시/ 산문시 ❷ **내용에 따라** : 서정시/ 서사시/ 극시 ❸ **주제에 따라** : 주정시/ 주지시/ 주의시
	(2) 소설의 갈래 ❶ **길이상의 갈래** : 장편소설/ 대하소설/ 중편소설/ 단편소설/ 콩트 ❷ **시대상의 갈래** : 고전소설/ 신소설/ 근대소설(현대소설) ❸ **내용상의 갈래** : 역사소설/ 탐정소설/ 애정소설(연애소설, 염정소설) 　　/ 해양소설/ 계몽소설/ 공상소설/ 가족사소설 ❹ **예술성에 따른 분류** : 순수소설/ 대중소설(통속소설)
	(3) 희곡의 갈래 ❶ **내용상의 구분** : 희극/ 비극/ 희비극 ❷ **분량상의 구분** : 단막극/ 장막극
	(4) 수필의 갈래 – 경수필/ 중수필

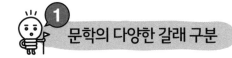# 문학의 다양한 갈래 구분

▌갈래(장르) │ 갈래를 다른 말로 '장르'라고도 하지요. 장르(genre)는 라틴어 '게너스 (genus)'에서 유래한 말로 종족, 혈통, 종류 등으로 번역됩니다. 생물학상 용어로서 는 종(種) 다음에 오는 '속(屬)'의 뜻이고 문학·예술 분야에서는 부문·양식·형(型)을 뜻합니다. 예술 분야 곳곳에서 이 말이 쓰이지요? 문학 장르, 미술 장르, 드라마 장르 등……

그렇다면 우리는 왜 문학의 갈래를 구분할까요? 작품을 잘 이해하고, 작품에 대해 잘 전달하기 위해서겠지요. 일정한 기준에 따라 나누면 그 갈래의 작품들을 전체적으 로 이해할 수 있습니다. 같은 갈래의 작품들을 연결하여 이해할 수도 있구요. 우리가 공부할 때, 일정한 그룹에 따라 나눠서 공부하면 더 잘 되는 것과 마찬가지입니다.

(1) 언어의 형태에 따른 갈래
▌운문문학 │ 언어에 운율감이 있어, 정서적인 효과를 가져오는 문학
▌산문문학 │ 언어에 운율감이 없는 산문으로 된 문학

(2) 언어의 전달 방식에 따른 갈래
▌구비문학 │ 문자라는 기록 수단이 있기 이전에 입에서 입으로 전해진 문학입니다. 전 해지면서 대다수 민중들이 창작하고 즐겼기에 그 문학을 향유하는 집단의 보편적 성 격이 반영됩니다. 전하기 쉽고 이해하기 쉽도록 형식이나 내용이 단순하겠지요. 생활 속의 말, 이야기, 노래, 놀이 등 다양한 구비문학이 있습니다. 속담, 수수께끼, 신화, 전설, 민담, 민요, 서사무가, 판소리, 무당굿 놀이, 꼭두각시놀음, 탈춤 등을 예로 들 수 있지요.

▌기록문학 │ 문자로 기록된 문학. 우리의 문자인 한글은 15세기에 들어서야 그 모습을 나타냈습니다. 그러니 우리 문학에는 한문, 한자를 빌린 향찰이나 이두, 우리의 순수

한 한글로 된 문학 등이 있습니다.

: **한문 문학** | 기원전 2세기 경 한자가 우리나라에 전해진 이래 조선 후기까지 한자로 창작한 우리의 문학을 말합니다. 한자를 배울 수 있었던 지식층이 주로 창작하고 즐긴 문학이겠지요. 현대에 와서야 그 의미를 잃어버렸지만 한글이 우리 문학의 보편적인 기록 수단으로 자리잡을 때까지는 한문 문학이 우리 문학으로 자리할 충분한 근거가 있는 셈입니다.

: **국문 문학** | 우리의 한글로 표현된 문학을 말합니다. 순수하게 한글로 된 문학이 있고, 한자의 음과 뜻을 빌려 기록한 차자 문학이 있습니다. 지금은 국문 문학이 우리 문학의 주류이며 거의 전부라고 할 수 있습니다.

(3) 시대에 따른 문학의 갈래

시대에 따른 문학의 갈래는 각 나라마다 다릅니다. 그 나라 혹은 문화권에 따라 역사적, 시대적 상황이 다르기 때문이지요. 우리나라의 경우 일반적으로 다음과 같습니다.

▌**고전문학** | 흔히 갑오개혁(1894년 7월부터 1896년 2월까지 개화파 내각에 의해 추진된 근대적 제도 개혁) 이전의 문학을 고전문학이라 합니다. 그러나 문학이 어떤 한 시기를 기준으로 고전과 현대로 나뉠 수는 없겠지요. 그러니까 우리는 개화기 이전, 또는 19세기 말 20세기 초 근대적 흐름이 눈에 띄게 진행되어 새로운 장르의 문학이 나타나기 이전의 문학을 고전문학으로 보면 되겠지요.

▌**현대문학** | 일반적으로 19세기 말 20세기 초 이후의 문학을 가리킵니다. 신소설, 신체시, 현대소설, 현대시의 모습이 나타나기 시작한 이후의 문학들입니다.

(4) 표현 양식에 따른 갈래

일반적으로 문학을 표현 양식에 따라 네 갈래로 나눕니다.

▌**서정 갈래** | 세상을 보거나 어떤 체험을 한 뒤 내 감정을 운율에 따라 주관적으로 노

래하듯이 써나가는 글이 서정 갈래입니다. '시'가 대표적인 장르이지요. '노래하기'라 할 수 있습니다. 이 서정 갈래의 하위 갈래는 민요, 고대가요, 향가, 고려가요, 시조, 잡가, 개화가사, 현대시 등입니다. 하위 갈래에 대해서는 앞으로 조금 더 자세히 공부하기로 해요.

▌서사 갈래 ▏ 사건을 서술자를 통해 객관적으로 전달해주는 문학입니다. '말해주기'의 문학이지요. '소설'이 대표적인 장르입니다. 서정 갈래가 노래라면 서사 갈래는 이야기지요. 서사 갈래의 하위 갈래는 서사무가, 설화(신화, 전설, 민담), 판소리, 소설 등입니다.

▌극 갈래 ▏ 인간의 행동이나 사건을 눈앞에서 보여주는 '보여주기' 형태의 문학입니다. 서술자가 따로 존재하지 않는 대신 인물들의 행동을 통해 현재적으로 보여줍니다. '희곡'이 대표적인 장르입니다. 탈춤, 인형극, 창극, 신파극, 희곡, 시나리오, 뮤지컬 대본, 드라마 대본 등이 그 하위 갈래입니다.

▌교술 갈래 ▏ 가르칠 교(敎) 지을 술(述). 가르치고 말해주는 문학이라는 뜻입니다. 교술 갈래는 '알려주기'의 표현 양식입니다. 실제 경험한 일과 그것에 대해 생각하고 느끼고 배운 것들을 서술자가 직접 말해줍니다. 그것은 소설과 달리 허구적인 이야기가 아니라 체험의 이야기입니다. 교술 갈래의 하위 갈래로는 경기체가, 악장, 가사, 수필, 일기, 기행, 비평, 행장(行狀), 교술민요 등이 있습니다.

　작품을 예로 들며 위의 네 갈래에 대해 이야기해 볼까요.

　㉮ 바람도 없는 공중에 수직의 파문을 내이며 고요히 떨어지는 오동잎은 누구의 발자취입니까.
　　지리한 장마 끝에 서풍에 몰려가는 무서운 검은 구름의 터진 틈으로 언뜻언뜻 보이는 푸른 하늘은 누구의 얼굴입니까? 　　　　　　　　　　_ 한용운, 〈알 수 없어요〉

위의 시를 쓴 시인은 아름다운 자연을 보았습니다. 그리고 그 자연을 통해 '누구'를 생각합니다. 아름다운 자연은 '누구'의 발자취이며, 얼굴이라고 생각하고 있네요. 자연을 보며 자연의 모습을 그대로 묘사하거나 전달하는 것이 아니라 자신의 정서를 통해 주관적인 생각과 느낌을 노래합니다.

(나) 그러나 어느 결엔지 아사녀의 환영은 깜박 사라져 버렸다. 아까까지는 어렴풋이라도 짐작되던 그 흔적마저 놓치고 말았다. 아무리 눈을 닦고 돌 얼굴을 들여다보았으나 눈매까지는 그럴싸하게 드러났지마는 그 아래로는 캄캄한 밤빛이 쌓인 듯 아득할 뿐. 돌을 들여다보면 볼수록 골머리만 부질없이 힝힝 내어 둘리었다. 그러자 문득 그 돌 얼굴이 굼실 움직이는 듯하며 주만의 얼굴이 부시도록 선명하게 살아났다. 마치 어젯밤의 아사녀의 환영 모양으로.

그 눈동자는 띠룩띠룩 애원하듯 원망하듯 자기를 쳐다보는 것 같다.

"이 돌에 나를 새겨 주세요. 네, 아사달님, 네, 마지막 청을 들어주세요."

그 입술은 달싹달싹 속살거리는 것 같다.

– 현진건, 〈무영탑〉

위 글에는 이야기를 들려주는 서술자가 있습니다. 무영탑, 즉 석가탑에 담긴 전설을 이야기해주네요. 이야기 얼개는 전설이지만 상상력에 의해 더 풍부하고 재미난 이야기가 만들어졌습니다. 그 서술자가 누군지 정확하게 나타나 있지는 않습니다. 작가가 들려주는 것 같아요. 이야기 들려주기, 객관성의 문학, 산문성, 이것이 서사 갈래의 특징입니다.

(다) 파수꾼 다는 양철북을 메고 망루 위로 올라간다. 가는 여느 때와 같은 부동자세. 다는 숨어들 듯 가의 등 뒤에 서서 황야를 바라본다. 사이.

다 : 아름다워라. 새벽의 황야가 이렇게 아름다울 줄은!

가 : 이리 떼다, 이리 떼! 이리 떼가 몰려온다!

파수꾼 다는 기겁하듯 놀란다. 망루 아래로 급히 내려온다. 그는 양철북을 두드리려고 하지만 겁에 질린 듯이 헛치기만 한다. 그는 땅에 엎드린다.

가 : 북소리 중지! 이리 떼는 물러갔다.
다 : 흐유! (망루 위를 향하여) 이리 떼 정말 다 물러갔나요? 대답해 주세요.(침묵) 왜 말이 없으시죠? 잠드셨어요? 파수꾼님 당신은 또 잠드셨군요?

파수꾼 다는 망루 위에 올라간다.

다 : 이리 떼만 없다면 이곳은 얼마나 평화로운 곳일까? 지평선 저 멀리 하늘가를 좀 봐. 하얀 구름이 흘러가네.
  사이.
가 : 이리 떼다, 이리 떼! 이리 떼가 몰려온다!

파수꾼 다는 황급히 망루 아래로 내려와 엎드린다. 그러나 어떤 의아로움이 두려움 속에서 생겨난다. 그는 망설이듯 일어나 망루 위에 올라가 사방을 바라본다.

가 : 이리 떼다, 이리 떼! 이리 떼가 몰려온다.

파수꾼 다는 망루 위에서 내려오지 않는다. 소리를 지르는 가와 황야를 번갈아 쳐다본다.

가 : 북소리 중지! 이리 떼는 물러갔다.

파수꾼 다는 망루 아래로 내려온다. 심한 충격을 받은 표정이다.

_ 이강백, 〈파수꾼〉

이리 떼의 습격을 마을 사람들에게 알려 마을의 안전을 보호하는 임무를 맡은 파수꾼 소년이, 그것이 거짓말임을 알게 되지만 끝내 권력의 교활함 때문에 진실을 밝히지 못하게 된다는 이야기지요. 그러나 그것을 서술자가 우리에게 들려주는 형태는 아닙니다. 보여주기의 형태를 취하고 있지요.

라 벌써 40여 년 전이다. 내가 갓 세간난 지 얼마 안 돼서 의정부에 내려가 살 때다. 서울 왔다 가는 길에, 청량리역으로 가기 위해 동대문에서 일단 전차를 내려야 했다. 동대문 맞은편 길가에 앉아서 방망이를 깎아 파는 노인이 있었다. 방망이를 한 벌 사 가지고 가려고 깎아 달라고 부탁을 했다. 값을 굉장히 비싸게 부르는 것 같았다.

"좀 싸게 해줄 수 없습니까?"

했더니,

"방망이 하나 가지고 에누리하겠소? 비싸거든 다른 데 가 사우."

대단히 무뚝뚝한 노인이었다. 값을 흥정하지도 못하고 잘 깎아나 달라고만 부탁했다. 그는 잠자코 열심히 깎고 있었다. 처음에는 빨리 깎는 것 같더니, 저물도록 이리 돌려 보고 저리 돌려 보고 굼뜨기 시작하더니, 마냥 늑장이다. 내가 보기에는 그만하면 다 됐는데, 자꾸만 더 깎고 있었다.

_ 윤오영, 〈방망이 깎던 노인〉

위 글은 수필이지요. 자신의 체험을 쓴 글입니다. 즉 자신의 체험을 세상에 이야기하는 알려주기의 문학이지요. 자아를 세계화한다는 표현을 쓰기도 합니다. 그런데 교술 문학은 참 아리송한 갈래입니다. 수필 같은 갈래도 교술 문학에 넣지만 가사 작품들도 교술 갈래에 포함시키기도 합니다. 자신의 체험을 알리는, 즉 자아를 세계화하는 표현 양식을 지니고 있기 때문이라는 것이지요. 경기체가나 가사 같은 작품은 교술 갈래보다는 서정 갈래에 더 적절하지 않은가 말하는 이도 있어요. 앞으로 또 다른 잣대로 갈래를 구분하는 이론이 나올지도 모릅니다.

대표 갈래의 더 작은 갈래들

서정, 서사, 극, 교술 갈래의 대표적인 하위 갈래는 시, 소설, 희곡, 수필입니다. 이런 갈래들은 또 어떻게 나눠질 수 있을까요?

(1) 시의 갈래

어떻게 나누느냐에 따라 시는 여러 작은 갈래로 또 나눠볼 수 있습니다. 형식에 따라 정형시, 자유시, 산문시. 내용에 따라 서정시, 서사시, 극시로 나눕니다. 시가 무엇을 중요시하느냐에 따라 주정시, 주지시로 나누기도 하지요. 그 갈래 역시 서로 겹치거나 아리송합니다. 그래서 서사적이다, 서정적이다, 주정적이다 하는 말로 가름하기도 하지요.

❶ 형식에 따라

┃ 정형시 ┃ 일정한 틀을 갖고 있는 시를 말합니다. 규칙적인 운율이 있다고 해서 정형시는 아닙니다. 시의 구조나 운율에 일정한 형식적 제한이 있지요. 대표적 정형시인 한시는 글자 수, 운 맞추기 등 형식적 제약이 분명합니다. 우리나라 고유의 정형시는 3장 6구에 4음보의 일정한 틀을 지닌 시조가 있지요.

┃ 자유시 ┃ 우리가 쓰고 읽는 대부분의 현대시는 자유시입니다. 형식과 운율의 제한을 받는 정형시와 달리 자유롭지요.

┃ 산문시 ┃ 자유시에 포함하기도 합니다. 시적인 내용을 산문처럼 줄글로 표현하고 있는 시입니다.

신부는 초록 저고리 다홍치마로 겨우 귀밑머리만 풀리운 채 신랑하고 첫날밤을 아직 앉아 있었는데, 신랑이 그만 오줌이 급해져서 냉큼 일어나 달려가는 바람에 옷자락이 문 돌쩌귀에 걸렸습니다. 그것을 신랑은 생각이 또 급해서 제 신부가 음탕해서 그 새를 못 참아서 뒤에서 손으로 잡아당기는 거라고, 그렇게만 알고 뒤도 안 돌알보고 나가 버렸습니다. 문 돌쩌귀에 걸린 옷자락이 찢어진 채로 오줌 누곤 못 쓰겠다며 달아나 버렸습니다.

_ 서정주, 〈신부〉

〈신부〉 앞부분입니다. 거의 줄글처럼 되어 있지요. 그러나 짧은 내용 속에 설화의 세계를 담아내고 있으며, 운율감도 느껴집니다.

❷ 내용에 따라

▎ **서정시** | 서정시는 시인 자신의 주관적인 체험과 감정이 담긴 대부분의 시입니다.

▎ **서사시** | 한 사람의 화자가 이야기를 들려주듯 사건을 객관적으로 서술하는 시입니다. 그저 이야기가 담겼다고 서사시라고 하지는 않지요. 민족의 역사나, 영웅의 이야기, 어떤 의미 있는 사건이나 심각한 주제가 담겨 장대하게 전개된 시를 말합니다.

　　📖 김동환 〈국경의 밤〉, 이규보 〈동명왕편〉

▎ **극시** | 극의 형식을 따오거나 극적인 수법을 사용하여 표현한 시. 원래 극시는 희곡을 가리킨다고 할 수 있습니다. 그러다가 산문문학이 자리를 차지하며 희곡은 산문문학의 한 갈래가 되었지요. 시의 갈래 중 하나로, 상연을 염두에 두지 않은 시인의 작품을 가리키는 개념으로 축소되었습니다. 셰익스피어의 희곡들은 엄밀하게 극시라고 할 수 있습니다.

❸ 주제에 따라

▎ **주정시** | 인간의 정서나 감정을 주로 다루며 개인적인 성격이 강한 시를 주정시라고 합니다.

▎ **주지시** | 감각이나 정서보다는 지적인 내용이나 관념적인 내용을 다룬 시를 주지시라고 합니다. 우리나라에서는 김광균 시인을 주지시의 대표적인 시인으로 들곤 하지요. 예를 들어 그의 〈추일서정〉 같은 시는 개인의 정서보다는 이미지와 지성을 중심으로 하고 있다고 보고 있습니다.

　　낙엽은 폴란드 망명 정부의 지폐
　　포화(砲火)에 이지러진

도룬 시의 가을 하늘을 생각게 한다.

길은 한 줄기 구겨진 넥타이처럼 풀어져

일광(日光)의 폭포 속으로 사라지고

조그만 담배 연기를 내뿜으며

새로 두 시의 급행열차가 들을 달린다.

_ 김광균, 〈추일서정〉

▌**주의시** │ 목적이나 의도를 지닌 의지적인 내용을 표현한 시를 말합니다.

(2) 소설의 갈래

❶ 길이상의 갈래

▌**장편소설** │ 200자 원고지 1000장 안팎, 그러니까 책 한 권 정도 분량의 소설을 장편소설이라고 합니다. 일반적으로 다양한 인물이 등장하고 구성도 복합적입니다.

▌**대하소설(大河小說)** │ 장편소설보다 그 분량이 방대하고 긴 시간의 흐름을 배경으로 가질 때 대하소설이라고 합니다. 박경리의 〈토지〉 같은 작품은 1897년부터 1945년까지 3대에 걸친 가족사를 16권에 걸쳐 담아내고 있지요.

▌**중편소설** │ 한 권의 책에 3편 안팎의 소설이 담겨 있다면 중편소설이라 할 만합니다. 200자 원고지 200~500장 안팎의 소설들입니다. 장편과 단편의 특징을 절충한 소설인 셈이네요.

▌**단편소설** │ 단일한 구성으로 인생의 단면을 그린 짧은 소설입니다. 보통 책 한 권에 10편 가까운 소설들이 모아져 있다면 단편소설 모음이겠네요. 200자 원고지 100장 안팎 분량입니다.

▌**콩트(Conte)** │ 손바닥 소설 즉 장편소설(掌篇小說)이라고도 합니다. 짧고 단일한 이야기로 구성이 단순하고 여운을 주는 이야기를 담고 있습니다.

❷ 시대상의 갈래 (우리나라)

▌**고전소설** │ 개화기 이전의 소설을 말해요. 흔히 갑오개혁(1894년) 이전의 소설로, 신소설 이전의 소설들을 가리킵니다.

▌**신소설**｜ 갑오개혁 직후부터 현대소설이라 할 만한 이광수의 〈무정〉과 같은 작품 이전의 소설들입니다. 신소설은 언문일치에 가까운 문장을 쓰고, 개화사상이 담겨 있지요. 이인직의 〈혈의 누〉 같은 작품이 신소설의 시작이라 볼 수 있습니다.

▌**근대소설(현대소설)**｜ 그 출발점을 정확하게 말하기는 어려우나 이광수의 〈무정〉을 최초의 현대 장편소설로 여기고 있지요.

❸ 내용상의 갈래

소설을 내용에 따라 나누는 것에는 일정한 기준이 없습니다. 내용상 남녀 간의 사랑을 다룬 애정소설이지만 형성 과정을 기준으로 삼으면 판소리계 소설일 수도 있고, 전쟁을 담아낸 소설이기에 군담소설이나 전쟁소설로 불리지만 역사소설일 수 있고, 영웅소설일 수도 있으니까요.

▌**역사소설**｜ 실제의 역사적 사건을 배경으로 하거나 역사적 실존 인물을 제재로 삼은 소설을 말해요. 홍명희의 〈임꺽정〉, 이광수의 〈단종애사〉 등을 예로 들 수 있습니다.

▌**탐정소설**｜ 어릴 때 읽은 코난 도일의 소설들에는 탐정 셜록 홈즈가 등장하여 범죄 사건을 수사합니다. 아가사 크리스티의 작품에도 포아르 형사가 등장하여 범죄 사건을 풀어가지요. 그 같은 소설들을 탐정소설이라 합니다.

▌**애정소설(연애소설, 염정소설)**｜ 남녀 간의 사랑을 제재로 한 소설을 말해요. 사랑이 담겨 있지 않은 소설은 거의 없지만 그 사랑에 초점을 맞춘 소설을 애정소설이라 합니다.

▌**해양소설**｜ 바다에서 벌어지는 일을 제재로 한 소설을 말해요. 전광용의 소설 〈흑산도〉는 흑산도에 운명을 걸고 사는 어민들을 다루고 있습니다. 멜빌의 〈모비딕〉은 흰 고래를 잡기 위해 분투하는 선원들의 모습을 그린 해양소설이지요.

▌**계몽소설**｜ 계몽이란 '지식수준이 낮거나 의식이 덜 깬 사람들을 깨우쳐 줌'이라는 뜻입니다. 이광수의 〈무정〉은 대표적인 계몽소설입니다.

▌**공상소설**｜ 현실에서 일어나기 힘든 내용을 상상하여 만든 소설입니다. 〈걸리버 여행기〉나 〈이상한 나라의 앨리스〉 같은 소설이 그 예가 되겠지요.

┃가족사소설┃ 한 가족이 겪는 다양한 삶의 체험, 흥망성쇠를 다룬 소설입니다. 염상섭의 〈삼대〉, 채만식의 〈태평천하〉 등이 대표적인 가족사소설입니다. 외국소설 중에는 마르탱 뒤 가르의 〈티보가의 사람들〉, 도스토옙스키의 〈카라마조프가의 형제들〉 등이 그 예입니다.

　이외에도 전쟁소설, 모험소설, 도시소설, 농촌소설, 모델소설, 사소설(작가 자신을 주인공으로 하여 거의 현실 체험을 바탕으로 쓴 소설) 등 무수하게 많은 갈래들이 있습니다.

❹ 예술성에 따른 분류
┃순수소설┃ 소설의 예술성과 가치를 중요시하는 소설을 순수소설이라 부릅니다. 이 명칭은 무엇을 기준으로 하느냐에 따라 순수소설과 대중소설(통속소설), 순수소설과 목적소설 등 조금 다른 의미를 지니게 됩니다.
┃대중소설(통속소설)┃ 예술성보다는 독자들의 흥미나 호기심을 만족시키는 데 초점을 둔 소설을 대중소설 또는 통속소설이라 부릅니다.

(3) 희곡의 갈래
❶ 내용상의 구분
┃희극(comedy)┃ 인생의 즐거운 면을 내용으로 하는 희곡으로 행복한 결말을 맺는 희곡입니다. 공연 내내 기지와 풍자, 해학을 통해 웃음을 선사합니다.
　　예 이근삼 〈국물 있사옵니다〉, 셰익스피어 〈한여름 밤의 꿈〉
┃비극(tragedy)┃ 인간이 겪는 불행과 고통을 주 내용으로 하는 희곡으로 그 결말 역시 불행하게 끝납니다. 셰익스피어의 4대 비극으로 〈햄릿〉, 〈리어왕〉, 〈맥베스〉, 〈오셀로〉를 꼽습니다. 모두 주인공의 비극적 운명, 오해로 빚어지는 불행, 죽음 등 슬픈 내용이지요.
　　예 차범석 〈산불〉 : 주인공들이 죽거나 이별하는 식으로 마무리됨.

┃ 희비극│ 비극과 희극이 합쳐진 극입니다. 비극적인 내용도 간간히 포함되나 행복하게 마무리 되는 경우가 대부분이지요.

　　예 차범석 〈태양을 향하여〉: 가족들의 갈등이 후반으로 향하면서 해소되고 밝은 내일을 지향하는 것으로 마무리됨.

❷ 분량상의 구분

┃ 단막극│ 1막으로 끝나는 희곡

┃ 장막극│ 2막 이상으로 끝나는 희곡

(4) 수필의 갈래

수필의 갈래는 글의 주제나 성격에 따라 여러 갈래로 나누어질 수 있습니다. 일반적으로 주제에 따라 경수필, 중수필로 나누지요.

┃ 경수필(미셀러니)│ 무거운 주제보다는 감성적, 주관적 성격을 지니는 서정적인 수필입니다. 비격식 수필이라고도 하지요.

┃ 중수필(에세이)│ 인생에 대한 묵직한 물음, 철학적이거나 비평적인 주제를 다룬 수필입니다. 논리적이고 지적이며 비평적인 성격을 지니겠지요. 격식 수필이라고도 합니다.

03 너의 **목소리**가 들려

시의 화자

앞의 '문학의 갈래'에서 시가 어떤 문학인지 생각해 봤습니다. 다시 정리하자면 시는 '시인의 마음속에 떠오르는 생각이나 느낌을 운율 있는 언어로 압축해서 표현한 운문문학'입니다.

시인은 '시 속에서 말하는 누구'에 자기 마음을 담아 노래합니다. 우리가 시를 읽으며 듣는 누군가의 목소리, 그것은 시인일 가능성이 크겠지요. 그러나 시인은 시 속에서 노래하는 이를 늘 시인 자신인 것처럼 표현하지는 않습니다. 어떤 시를 읽을 때는 시인처럼 느껴지는 누구인가가 말하는 것 같고, 또 다른 시를 읽을 때는 시인이 아닌 다른 사람이 말하는 것 같기도 하지요. 시인과 반대되는 입장을 가진 사람을 등장시켜 그 사람의 입을 통해 자신의 생각과 다른 말을 하게 하고 그것을 독자가 비판할 수 있도록 이끌 수도 있습니다.

자, 같은 시인이 쓴 두 편의 시를 볼까요?

가 그립다

말을 할까
하니 그리워

그냥 갈까
그래도
다시 더 한 번

져 산(山)에도 가마귀, 들에 가마귀
서산(西山)에는 해 진다고
지저귑니다.

앞 강물 뒷 강물
흐르는 물은
어서 따라오라고 따라가자고
흘러도 연달아 흐릅디다려.

_ 김소월, 〈가는 길〉

나 접동
접동
아우래비 접동

진두강(津頭江) 가람가에 살던 누나는
진두강 앞 마을에
와서 웁니다.

옛날, 우리나라
먼 뒤쪽의
진두강 가람가에 살던 누나는
의붓어미 시샘에 죽었습니다.

누나라고 불러 보랴
오오 불설워
시샘에 몸이 죽은 우리 누나는
죽어서 접동새가 되었습니다.

아홉이나 남아 되는 오랍동생을
죽어서도 못 잊어 차마 못 잊어
야삼경(夜三更) 남 다 자는 밤이 깊으면
이 산 저 산 옮아가며 슬피 웁니다.

_ 김소월, 〈접동새〉

(가) 시에서 말하는 이는 분명하게 드러나 있지는 않지만 시인처럼 여겨집니다. (나) 시는 접동새에 얽힌 전설에서 소재를 취한 시입니다. 말하는 이는 죽어 접동새가 된 누나의 동생입니다. 그러니까 시 속에서 말하는 이는 시인 자신이 아니라 전설 속에 등장하는 인물입니다. 시인이 노래하고자 하는 그 무엇, '설움의 감정'이라고 할까요? 그런 것을 전해주기 위해 만들어낸 인물입니다.

시인이 아닌 것처럼 여겨지는 사람의 입을 통해 말하는 경우도 있지만, 어쨌든 시에서 말하는 누군가의 목소리는 시인의 목소리입니다. 우리는 시를 읽으며 그 목소리를 찾아가야 하는 거죠. 시인의 목소리를 제대로 듣기 위해 우리는 '화자', '화자의 정서', '화자의 태도', '화자의 어조' 같은 개념을 익혀야 합니다.

01 화자의 개념	– 화자
02 화자의 종류	– 나/ 다른 인물
03 화자의 정서	– 정서/ 한탄/ 회한
04 시적 화자의 태도	**(1) 대상이나 상황에 대한 긍정** – 긍정적 태도/ 낙관적 태도/ 희망적 태도
	(2) 대상이나 상황에 대한 부정 – 부정/ 비관/ 회의/ 냉소
	(3) 상황에 대한 자조와 체념 – 자조/ 체념
	(4) 상황에 대한 극복 의지 – 의지적 태도/ 지사적 태도/ 도전적 태도/ 대결적 태도/ 참여적 태도
	(5) 관조와 성찰 – 관조/ 달관/ 성찰
	(6) 대상과 하나가 되는 경지 – 친화/ 합일
05 화자의 어조	**(1) 화자가 누구에게 말하느냐에 따라** – 독백적 어조/ 설득적 어조/ 대화적 어조
	(2) 어떤 내용이나 태도를 담고 있느냐에 따라 – 남성적 어조/ 여성적 어조/ 풍자, 해학, 냉조적 어조

화자의 개념

▎**화자** 화자란 말 그대로 '말하는 이'입니다. 시의 화자란 시 속에서 말하는 이를 가리키는 거죠. 시적 자아, 서정적 자아라고도 합니다. 시 속의 화자는 시인 자신의 생각이나 느낌을 효과적으로 전달하기 위해 시인이 창조한 인물이라고 생각하면 됩니다.

화자의 종류

▎**나** 시인 자신처럼 여겨지는 이로 '나'로 표현되는 게 일반적입니다.

▎**다른 인물** 시인처럼 여겨지지 않는 화자를 말합니다. 성별이나 연령대가 다르거나 역사나 이야기 속의 인물 등이 화자가 되기도 합니다.

　　서정주의 〈춘향 유문 - 춘향의 말, 3〉이란 시를 보면, "안녕히 계세요. / 도련님."이라고 시작합니다. 시인이 춘향이도 아닌데 말입니다. 시인이 '영원한 사랑'에 대해 말하고 싶어, 춘향이의 입을 통해 노래하고 있는 것이지요.

화자의 정서

▎**정서** 정서라는 단어를 사전에서 찾아보세요. '어떤 일을 경험하거나 생각할 때 일어나는 갖가지 감정, 또는 그런 감정을 유발하는 주위의 분위기나 기분'이라고 되어 있습니다. 우리가 살아가면서 갖게 되는 정서는 한두 가지가 아니겠네요. 가엾은 사람을 보고 연민을 느끼고, 슬픔을 느낍니다. 내 곁을 떠난 사랑하는 사람을 향해 그리움과 기다림의 감정을 갖게 되지요. 세상에 나 혼자라고 느낄 때는 고독의 감정을, 무서운 상황에서는 공포를 느낍니다. 우리는 살면서 헤아릴 수도 없이 여러 가지의 정서를 느끼게 되는 것이지요.

　　한번 열거해 볼까요. 그리움/기다림/안타까움/후회/회한/열정/분노/외로움(고독)/기쁨/공포/한탄/절망/희망/증오/…. 우리가 두루 느껴 본 감정이기에 다시 설명할 필요는 없겠지만 낯선 정서 두 가지만 볼까요.

▍**한탄** | 원통한 일에 대하여 한숨 쉬며 탄식하는 것이 '한탄'입니다. '신세 한탄'이란 말이 있지요. '에고, 내 팔자야. 내가 왜 이리 살아야 해!' 다른 사람의 억울한 처지에 대해 탄식할 수도 있지요. '아, 그렇게 재주 많은 사람이 몰락하다니!'

▍**회한** | 후회의 감정이 더 확실하게 담긴 한탄이 회한이라고 할 수 있습니다. '그는 자기가 살아온 일그러진 삶을 생각하며, 회한의 눈물을 흘렸다.', '어머니 살아 계실 때 효도하지 못한 것을 생각하며 회한의 눈물을 흘렸다.' 등과 같은 예문을 보면 회한의 태도, 회한적 태도가 무엇인지 실감할 수 있을 거예요. 다음 시는 회한의 정서를 잘 보여주는 시입니다. 아내 생전에 잘해주지 못한 것을 한탄하며 슬퍼하는 화자의 마음이 잘 담겨 있으니까요.

견우 직녀도 이날만은 만나게 하는 칠석날
나는 당신을 땅에 묻고 돌아오네.
안개꽃 몇 송이 땅에 묻고 돌아오네.
살아 평생 당신께 옷 한 벌 못 해 주고
당신 죽어 처음으로 베옷 한 벌 해 입혔네.
당신 손수 베틀로 짠 옷가지 몇 벌 이웃에 나눠 주고
옥수수밭 옆에 당신을 묻고 돌아오네.
은하 건너 구름 건너 한 해 한 번 만나게 하는 이 밤
은핫물 동쪽 서쪽 그 멀고 먼 거리가
하늘의 땅의 거리인 걸 알게 하네.
당신 나중 흙이 되고 내가 훗날 바람 되어
다시 만나자는 길임을 알게 하네.
내 남아 밭 갈고 씨 뿌리며 땀 흘리며 살아야
한 해 한 번 당신 만나는 길임을 알게 하네.

_ 도종환, 〈옥수숫밭 옆에 당신을 묻고〉

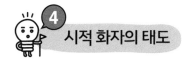

4 시적 화자의 태도

시적 상황이나 현실, 시적 대상에 대한 태도를 말합니다. 이 같은 태도 역시 헤아릴
수도 없이 다양할 것입니다. 여기서는 몇 가지로 나눠 생각해 보기로 해요. 그 밖에 여
러 가지 태도가 있을 수 있다는 점을 염두에 두면서 말이에요.

(1) 대상이나 상황에 대한 긍정

▍**긍정적 태도** ┃ 긍정이란 옳다고 고개를 끄덕이는 것이지요. 어떤 상황에 대해 좋게
여기는 것도 긍정이라 할 수 있습니다.

▍**낙관적 태도** ┃ 낙관이란 인생이나 사물을 좋은 쪽으로 바라보는 것이지요. '벌써 이
만큼 없어졌어?' 하는 것은 비관적 태도지만, '아직 이만큼이나 남았네'는 낙관적 태도
랍니다.

▍**희망적 태도** ┃ 긍정, 낙관과 비슷한 태도겠지요. 잘 될 거라고 믿고 좋은 쪽으로 이
루어지길 바라는 마음이 희망이니까요.

다음 시를 보세요. 이 세상에 대한 긍정, 낙관, 희망으로 가득 차 있네요.

맑은 햇빛으로 반짝반짝 물들으며
가볍게 가을을 날으고 있는
나뭇잎,
그렇게 주고받는
우리들의 반짝이는 미소로도
이 커다란 세계를
넉넉히 떠받쳐 나갈 수 있다는 것을
믿게 해 주십시오.

_ 정한모, 〈가을에〉

(2) 대상이나 상황에 대한 부정

▌**부정**否定│ '그것은 ~이 아니야.', '너는 ~지 않아.'와 같은 태도가 부정적 태도입니다.

▌**비관**悲觀│ 상황을 어둡거나 슬프게 보는 태도, 잘 안 될 거라고 여기는 태도, 절망스럽게 여기는 태도입니다.

▌**회의**懷疑│ '의심을 품다'는 뜻이지요. 부정적인 태도와 유사하다고 볼 수 있습니다.

▌**냉소**冷笑│ 차갑게 웃는다는 뜻입니다. '뭐 그게 되겠어'라고 쌀쌀하게 비웃는 태도가 냉소입니다.

　다음 시에서 우리는 화자의 어떤 태도를 찾아볼 수 있을까요?

　　영화가 시작하기 전에 우리는
　　일제히 일어나 애국가를 경청한다.
　　삼천리 화려 강산의
　　을숙도에서 일정한 군(群)을 이루며
　　갈대숲을 이룩하는 흰 새떼들이
　　자기들끼리 끼룩끼룩거리면서
　　자기들끼리 낄낄대면서
　　일렬 이열 삼렬 횡대로 자기들의 세상을
　　이 세상에서 떼어 메고
　　이 세상 밖 어디론가 날아간다.
　　우리들도 우리들끼리
　　낄낄대면서
　　깔쭉대면서
　　우리의 대열을 이루며
　　한 세상 떼어 메고
　　이 세상 밖 어디론가 날아갔으면
　　하는데 대한 사람 대한으로
　　길이 보전하세로

각기 자기 자리에 앉는다.

주저앉는다.

_ 황지우, 〈새들도 세상을 뜨는구나〉

화자는 현실을 긍정적으로 보고 있지 않습니다. 새들이 자기들끼리 '낄낄대며' 날아가는 모습은 애국가에 따라 모두 일어나는 획일적인 현실에 대한 부정이며 냉소라 할 수 있겠지요. '새들도 세상을 뜨는구나'는 '현실에 대한 화자의 부정적 태도, 냉소적 태도가 드러나는 시'라고 말할 수 있을 것입니다. 화자가 현실을 보며 '이게 아니다'라고 부정하는 것은 확실하지요. 그런 현실을 차갑게 비웃고 있는 것도 확실합니다. 그래서 우리는 이 시에 나타난 화자의 태도를 부정적, 비판적, 냉소적이라고 할 수 있습니다.

(3) 상황에 대한 자조와 체념

▌**자조** │ 스스로를 비웃는 것이 '자조(自嘲)'입니다. '그래, 내 인생은 쓰레기 같은 인생이야.'라고 말한다면 그건 스스로 비하하고 조롱하는 태도지요. '나 따위가 그런 거 해서 뭐해.' 같은 태도도 마찬가지구요.

보름달이 밝아 어떤 녀석은

꺽정이처럼 울부짖고 또 어떤 녀석은

서림이처럼 해해대지만 이까짓

산구석에 처박혀 발버둥친들 무엇하랴

_ 신경림, 〈농무〉

▌**체념** │ 품었던 기대나 희망을 아예 내려놓는 자세를 말합니다.

세월은 가고 오는 것

한때는 고립(孤立)을 피하여 시들어 가고

이제 우리는 작별하여야 한다.

술병이 바람에 쓰러지는 소리를 들으며

늙은 여류 작가(女流作家)의 눈을 바라보아야 한다.

_ 박인환, 〈목마와 숙녀〉

(4) 상황에 대한 극복 의지

▎**의지적 태도** ┃ 뜻을 가지고 기운차게 한다는 뜻으로 보면 되겠지요.

▎**지사적 태도** ┃ '지사'란 뜻있는 선비, 강직한 선비라는 뜻입니다. 현실 극복의 의지를 갖고 꼿꼿한 모습을 보인다면 '지사적'이라 할 수 있습니다.

▎**도전적 태도** ┃ 정면으로 맞서 대항하는 자세를 말합니다.

▎**대결적 태도** ┃ 어떤 대상과 옳고 그름, 우열 등을 가리기 위해 맞서는 태도입니다.

▎**참여적 태도** ┃ 어떤 일이나 모임에 참가하여 관계한다는 뜻이지만 시에서 참여적 어조는 문제 상황을 인식하고 극복을 위해 노력하거나 사회적인 모순 등을 인식하는 자세 등을 뜻하기도 합니다.

가 내 죽으면 한 개 바위가 되리라.

아예 애린(愛隣)에 물들지 않고

희로(喜怒)에 움직이지 않고

비와 바람에 깎이는 대로

억년(億年) 비정(非情)의 함묵(緘默)에

안으로 안으로만 채찍질하여

드디어 생명도 망각하고

흐르는 구름

머언 원뢰(遠雷)

꿈 꾸어도 노래하지 않고

두 쪽으로 깨뜨려져도

소리하지 않는 바위가 되리라.

_ 유치환, 〈바위〉

나 왜 나는 조그마한 일에만 분개하는가

저 王宮 대신에 王宮의 음탕 대신에

五十원짜리 갈비가 기름덩어리만 나왔다고 분개하고

옹졸하게 분개하고 설렁탕집 돼지 같은 주인년한테 욕을 하고

옹졸하게 욕을 하고

한번 정정당당하게

붙잡혀간 소설가를 위해서

언론의 자유를 요구하고 越南파병에 반대하는

자유를 이행하지 못하고

二十원을 받으러 세 번씩 네 번씩

찾아오는 야경꾼들만 증오하고 있는가.

_ 김수영, 〈어느 날 고궁을 나오면서〉

(가) 시는 죽어서 바위가 되어 세상사에 초연하겠다는 확고한 의지를 담고 있습니다. (나) 시에는 참여적 태도가 보인다고 하면 적절하겠지요. 화자는 조그마한 일에 분개하는 옹졸한 자신을 돌아보고 있지만 시의 맥락상 언론의 자유, 월남 파병 반대 등의 참여적 목소리를 내고 있습니다.

(5) 관조와 성찰

▌**관조**^{觀照} │ 그윽한 눈길로 바라보는 태도라 할 수 있겠지요. 작가의 주관적인 정서를 거의 드러내지 않고 거리를 두고 바라보는 태도를 말합니다.

▌**달관**^{達觀} │ 얽매이지 않고 세속을 벗어난 식견이나 인생관을 달관이라고 합니다.

▌**성찰**^{省察} │ 자기를 돌아보고 살피는 태도입니다.

가 남(南)으로 창(窓)을 내겠소.

밭이 한참 갈이

괭이로 파고
호미론 풀을 매지요.

구름이 꼬인다 갈 리 있소.
새 노래는 공으로 들으랴요.
강냉이가 익걸랑
함께 와 자셔도 좋소.

왜 사냐건
웃지요.

_ 김상용, 〈남으로 창을 내겠소〉

나 생각해 보면 어린 때 동무를
하나, 둘, 죄다 잃어버리고

나는 무얼 바라
나는 다만, 홀로 침전(沈澱)하는 것일까?

인생(人生)은 살기 어렵다는데
시(詩)가 이렇게 쉽게 씌여지는 것은
부끄러운 일이다.

_ 윤동주, 〈쉽게 씌어진 시〉

(가) 시는 자연 속에서 안분지족(安分知足-편안한 마음으로 제 분수를 앎)하는 삶의
자세가 담겨 있습니다. 강냉이가 익으면 함께 와 먹자는 훈훈한 인정을 느낄 수도 있
구요. 왜 사냐고 누가 물으면 웃는다는 말에서 세속에 흔들리지 않는 달관의 경지를
엿볼 수 있습니다.

(나) 시는 윤동주가 일본에 유학하면서 쓴 시입니다. 식민지 시대에 조국을 떠나 타향에서 시를 쓰고 있는 자신의 무기력함을 돌아보고 자신을 성찰하는 시입니다. 이 같은 시인의 상황을 염두에 두지 않더라도, 자신의 처지를 돌아보고 부끄러워하는 시인의 자아성찰이 시 속에 담겨 있습니다. 윤동주의 〈자화상〉, 〈참회록〉 등도 그 같은 성찰의 자세를 보여주는 시들이지요.

(6) 대상과 하나가 되는 경지
▌**친화**親和 ▎ 서로 친하게 잘 어울리는 태도를 말합니다.
▌**합일**合一 ▎ 서로 하나가 되는 것을 말합니다.

> 십 년을 경영하야 초려삼간 지어내니,
> 나 한 간 달 한 간에 청풍 한 간 맡겨두고,
> 강산은 들일 데 없으니 둘러두고 보리라.
>
> _ 송순

위 시조에서 화자는 자연친화적인 모습을 보입니다. 보잘것없는 초가집에서 자기가 한 간을 갖고, 달이 한 간을 갖고, 맑은 바람이 한 간을 갖는다고 노래합니다. 자연과 한 집에서 어우러지듯 살겠다는 친화적 태도, 합일의 태도를 보이는 것이지요.

5 화자의 어조

어조란 말을 사전에서 찾아보면 '말의 가락 또는 말을 할 때 소리의 높낮이에 변화를 주는 일'이라고 되어 있습니다. 쉽게 '말투', '말씨'라고 할 수 있겠죠. 가만히 생각해 보세요. 여러분 친구들의 말투를……. 또는 선생님들의 말투를…….

넌 왜 그리 말투가 차갑니? 비웃는 듯 들려.
그 아이는 단정 짓는 말투를 써. 정말 자신감 있나 봐.

애원하는 듯한 말투네.

왜 그렇게 비아냥거리지.

그 선생님은 말투가 재밌어. 웃음이 터지도록 만드네.

부드럽고 상냥한 말투야.

……

이 모든 것들이 어조입니다. 그렇다면 시에도 이런 어조들이 있겠죠.

(1) 화자가 누구에게 말하느냐에 따라

▌**독백적 어조** ┃ 화자가 혼잣말하듯 말하는 어조입니다. 시인의 내면세계와 관련 있는
시들이 이런 어조를 사용합니다.

죽는 날까지 하늘을 우러러

한 점 부끄럼이 없기를.

잎새에 이는 바람에도

나는 괴로워했다.

별을 노래하는 마음으로

모든 죽어가는 것을 사랑해야지.

그리고 나한테 주어진 길을

걸어가야겠다.

오늘밤에도 별이 바람에 스치운다.

_ 윤동주, 〈서시〉

시적 자아는 자신을 돌아보고 성찰하는 태도를 보입니다. 그리고 그러한 태도를 고
백적인 어조로 전개하고 있지요. 누군가와 대화를 나누는 것도, 누군가를 설득하려
하는 말투도 아닙니다. 자기 스스로에게 다짐하듯, 혼잣말하며 자신을 다독이듯 이어
지는 어조이지요.

▮ 설득적 어조 │ 상대방의 생각이 바뀌도록 화자가 여러 가지로 깨우치고 타이르는 어조입니다.

> 마을 사람들아 옳은 일을 하자꾸나.
> 사람으로 태어나서 옳지 못하면
> 말과 소에게 갓이나 고깔을 씌워 놓고 밥이나 먹이는 것과 무엇이 다르랴.
>
> _ 정철, 〈훈민가〉 8수의 현대역

▮ 대화적 어조 │ 주고받는 대화체의 어조입니다. 아래 시는 춘향이가 이몽룡에게 말하는 투로 노래하고 있습니다.

> 안녕히 계세요.
> 도련님.
>
> 지난 오월 단옷날, 처음 만나던 날
> 우리 둘이서 그늘 밑에 서 있던
> 그 무성하고 푸르던 나무같이
> 늘 안녕히 안녕히 계세요.
>
> _ 서정주, 〈춘향 유문〉

(2) 어떤 내용이나 태도를 담고 있느냐에 따라

▮ 남성적 어조 │ 의지적이고 힘찬 기백을 담은 내용 전달에 적합합니다.
　　📕 이육사의 시

▮ 여성적 어조 │ 간절한 기원, 한(恨), 애상(哀想) 등의 내용 전달에 적합하겠지요.

▮ 풍자, 해학, 냉소적 어조 │ 사회 비판의 내용 전달에 적합합니다.

한마디에 담긴 무궁무진한 의미
시의 함축성과 음악성

04

국어샘 길잡이

어느 국어 시간, 짧은 시 찾기 놀이가 벌어졌습니다.

한 학생이 의기양양하게 시 한 편을 낭송합니다.

> 밤이 다하기 전에 이 무한한 벽을 뚫어야 하는 수인(囚人). 또는, 허무를 데굴대는 쇠똥구리.
>
> _ 유치환, 〈나〉

와! 하는 경탄의 소리가 들립니다. 자기 자신을 벽에 갇힌 죄수에, 끝없이 허무한 삶을 살아가는 쇠똥구리에 비유한 것이지요. 시인이 삶을 어떻게 여기는지 알 수 있을 것 같습니다. 더 나아가 우리 삶도 돌아보게 합니다. 우리는 뭘 굴리며 사는 걸까? 허무를? 허황된 욕망을? 끝없는 경쟁을? 단 한 줄의 시가 우리로 하여금 인생이란 너른 바다를 생각하게 합니다.

이어 한 학생이 장 꼭도의 시를 읊습니다.

> 내 귀는 소라껍질, 바다의 소리를 그리워한다.
>
> _ 장 꼭도, 〈귀〉

고개를 갸웃하지만 이어지는 설명이 그럴 듯합니다. 시인은 바다를 그리워한다고, 모든 것을 품에 안고 출렁이는 어머니 같은 바다는 인간의 고향과 같은 것이라고. 우리가 그리워하는 바다는 바다 자체가 아니라 넓은 세상일 수도 있고, 바다처럼 모든 것을 품어주는 포용력일 수도 있다고.

한 학생이 읊은 마지막 시에서 모두 함성을 질렀어요.

> 또 봐?!
>
> – 어느 학생의 시, 〈시험〉

모든 학생들이 공감했나 봅니다. 지겨운 시험을 또 보다니? 또 볼 수밖에 없는 경쟁 세상에 살고 있구나! 정말 보기 싫다! 시험으로 경쟁하는 우리 현실과 그것이 정말 싫은 학생의 마음이 고스란히 담겨 있으니까요.

자, 이렇게 짧은 한마디에 하고 싶은 말을 담아내는 시의 함축성! 이것을 이해하기 위해 우리는 시를 이루고 있는 형식적 요소인 시어, 행, 연, 운율을 배웁니다.

가장 먼저 이해해야 할 말은 '함축성'이지요. 그리고 시의 함축성은 언어의 여러 성질 중 다의성과 애매성이란 개념과 연결되어 있습니다.

01 시의 성격	– 함축성/ 다의성/ 애매성/ 내포적 의미와 외연적 의미
02 시의 구성 요소	**(1) 시어** – 시어/ 시어의 특성/ 시어의 기능
	(2) 행 (3) 연 (4) 운율 (5) 심상(이미지)
03 시의 운율	**(1) 운율을 형성하는 요소** – 동음 반복/ 음수 반복/ 음보의 반복/ 의성어, 의태어의 사용/ 통사적 구조의 반복
	(2) 운율의 갈래 ❶ **외형률** : 음수율/ 음보율/ 음위율(두운/ 각운/ 요운)/ 음성률 ❷ **내재율**
04 시의 심상	**(1) 감각적 심상** – 시각적 심상/ 미각적 심상/ 청각적 심상/ 후각적 심상/ 촉각적 심상 / 공감각적 심상/ 복합 감각적 심상
	(2) 상징적 심상 – 상승과 하강/ 생성과 소멸

┃ 함축성 ┃ '함축'이란 겉에 드러내지 않고 속에 간직한다는 뜻입니다. 말이나 글에 표면적 의미 말고도 많은 뜻을 담고 있을 때 함축성을 지녔다고 하지요. 그러니까 시에서의 함축성이란 그 안에 여러 가지 뜻을 담고 있는 성질이라 할 수 있습니다.

윤동주 시에 '별을 노래하는 마음으로'라는 표현이 있습니다. 여기서 '별'은 밤하늘에 떠 있는 별을 뜻하는 것은 아니지요. 순수하고 아름다운 어떤 것을 함축하는 말이겠지요. 그러니까 별을 노래하는 마음으로는 '아름답고 순수하고 부끄럼 없는 마음으로' 등으로 폭넓게 해석할 수 있어요.

┃ 다의성 ┃ 한 단어가 두 개 이상의 의미를 지니는 현상을 다의성이라고 해요. 예를 들어 '깊다'라는 단어를 보세요. '겉에서 속까지의 거리가 멀다'는 것이 중심 의미입니다. 하지만 '밤이 깊다'에서는 한밤중이라는 뜻이 되고, '생각이 깊다'에서는 '신중하고 사려 깊다'는 뜻이 됩니다. 그럼 함축성과는 어떻게 다르냐고 묻겠지요? 다의성은 중심 의미와 주변 의미, 또는 확대되거나 변하는 의미가 있다고 생각하면 되겠습니다. 예를 하나 더 들어볼게요. '가다'라는 단어는 '장소의 이동'이 중심 의미이지만 '봄이 가다', '맛이 가다' 등 시간이 바뀐다는 의미를 갖기도 하고, 상태의 변화를 의미하기도 하지요.

┃ 애매성 ┃ '희미하여 분명하지 아니한 성질'이라는 뜻입니다. 한 마디로 아리송하다는 말이지요. 시어나 시에 쓰인 표현들이 한 가지 의미만을 말하는 것이 아니라 함축적이고 다의적이기에 시어는 애매성을 가진다고 말하는 것이지요. '모호성'이란 말도 비슷한 뜻입니다.

┃ 내포적 의미와 외연적 의미

문학을 공부하다 보면 내포적 의미와 외연적 의미라는 말을 많이 듣게 됩니다. '내포'란 안에 포함하고 있는 것, '외연'이란 겉에 드러난 것입니다. 논리학에서 말하는 내포와 외연은 어떤 명사나 개념이 가리키는 것을 나타내는 관계어로 쓰입니다. 예를 들어 '비행기'의 내포는 '하늘을 나는 기구'라는 의미로 비행기가 지닌 포괄적 속성 전체를 담게 됩니다. 반면 외연은 제트기, 여객기, 전투기 등 비행기계의 집합을 이루는 용어로 봐야 합니다.

> **: 내포적 의미** 어떤 낱말이 속에 담고 있는 의미를 말합니다. '사람'이라는 말을 들으면 동물의 한 종으로서의 사람이나 사전적 의미의 사람이 아니라 '인간다움', '인류' 등 다양한 의미가 떠오르지요.

> **: 외연적 의미** 어떤 낱말이 지니고 있는 가장 기본적인 의미를 말합니다. '사람이 간다'라는 말이 있을 때 기본적으로 우리 머리에 떠오르는 것, 즉 어떤 한 사람이 걸어가고 있는 모습이 떠오른다면 그것은 외연적 의미입니다. 우리의 일상적인 언어, 설명문 등은 외연적 의미를 통해 의사소통을 이루고 의미를 전달하게 됩니다.

2 시의 구성 요소

(1) 시어

▎ **시어** 시에 쓰인 말을 '시어'라고 합니다.

▎ **시어의 특성** 시어는 지시적 의미보다는 함축적 의미를 중요시합니다. 그러다 보니 어떤 이미지를 갖게 하고, 비유나 상징 등을 이루지요. 길게 늘어뜨리기보다는 압축과 생략에 의존하기도 합니다. 함축성, 심상, 비유, 상징, 압축 등의 단어로 정리할 수 있겠지요.

▎ **시어의 기능** 그렇다면 시어의 기능은 어떤 것일까요? 시를 읽어 보면 시어는 운율을 통해 음악적 효과를 주지요. 어떤 심상을 떠올리게도 하며, 시의 분위기를 형성합니다. 다양한 기법을 통해 시적인 긴장을 가져오기도 하구요. 물론 이것은 시어가 다른 시의 요소들과 결합하며 만들어내는 것이지요.

(2) 행 : 시의 한 줄

(3) 연 : 시의 행이 모여 이룬 한 덩어리

(4) 운율 : 시에서 느껴지는 말의 가락. 시의 운율은 시의 의미 속에 녹아들면서 시의
전체적인 분위기를 형성합니다.

(5) 심상(이미지) : 시를 읽을 때 마음속에 떠오르는 영상이나 관념, 또는 감각을 심상
이라고 합니다.

시의 운율

(1) 운율을 형성하는 요소

❙ **동음 반복** ❘ 특정 음운이 반복하여 나타나는 것. 말 앞에 같은 말을 반복하는 경우도
있고, 모음을 반복하거나 자음을 반복하는 경우도 있습니다.

　　예 갈래 갈래 갈린 길 / 길이라도 ('ㄱ'의 반복) – 김소월의 〈길〉

　　　　살어리 살어리랏다 청산에 살어리랏다 ('살어리'의 반복) – 〈청산별곡〉

❙ **음수 반복** ❘ 일정한 수의 음절이 반복되는 것. 7·5조, 3·4조, 4·4조 등.

　　예 산 너머 남촌에는 / 누가 살길래 // 해마다 봄바람이 / 남으로 오네 // – 3글자,
4글자, 5글자가 반복되고 있습니다. 7·5조의 운율이라고도 합니다.

❙ **음보의 반복** ❘ 소리의 덩어리가 규칙적으로 반복되는 것. 김소월의 〈진달래꽃〉을 읽
으며 운율에 맞춰 걷는다고 생각해 보세요.

　　　나 보기가 / 역겨워 /

　　　가실 때에는 //

　　　말없이 / 고이 보내 / 드리오리다. //

영변에 / 약산 /
진달래꽃, //
아름 따다 / 가실 길에 / 뿌리오리다. //

／ 표시에 한 번 쉬고 // 표시에서는 쉬면서 숨도 한 번 돌리겠지요. 몇 걸음마다 한 번씩 쉬었나요. 세 걸음 걷고 쉬곤 했을 거예요. 3음보의 운율이군요. 우리의 민요는 3음보의 운율이 많고, 시조나 가사는 4음보의 운율입니다.

🖋 아리랑 / 아리랑 / 아라리요 // 아리랑 / 고개로 / 넘어간다. // – 3음보

▎의성어, 의태어의 사용 │ 의성어 의태어를 사용하면 우리 감각이 금방 반응합니다. 아기에게 오줌을 누게 할 때 엄마들은 '쉬!'라고 합니다. 똥을 누게 할 때는 '응가, 응가' 하지요. 그 소리를 듣는 아가들은 금방 반응하지 않던가요.

🖋 삐이 삣종 삣종! / 하는 놈도 있고 (의성어의 사용)

▎통사적 구조의 반복 │ 같거나 비슷한 문장의 짜임을 반복하여 사용하는 것을 말해요. 여기서 통사 구조라는 개념을 익혀두도록 해요. 통사 구조란 문장의 구조란 뜻입니다. '나는 빵을 먹었다.'라는 문장은 주어+목적어+서술어의 통사 구조를 갖고 있습니다.

아래 시를 보세요. '눈은 살아 있다'는 주어+서술어의 문장 구조가 조금씩 변화를 하면서 반복되고 있어요. 통사 구조의 반복이라 볼 수 있습니다.

눈은 살아 있다.
떨어진 눈은 살아 있다.
마당 위에 떨어진 눈은 살아 있다.

기침을 하자
젊은 시인(詩人)이여 기침을 하자

눈 위에 대고 기침을 하자
눈더러 보자고 마음 놓고 마음 놓고
기침을 하자

눈은 살아 있다.
죽음을 잊어버린 영혼(靈魂)과 육체(肉體)를 위하여
눈은 새벽이 지나도록 살아 있다.

기침을 하자
젊은 시인이여 기침을 하자
눈을 바라보며
밤새도록 고인 가슴의 가래라도
마음껏 뱉자

_ 김수영, 〈눈〉

그런데 통사 구조의 반복과 대구법이 어떻게 다른지 궁금한 사람도 있을 거예요. 대구법은 통사 구조의 반복이 일어난 경우입니다. '호랑이는 죽어서 가죽을 남기고, 사람은 죽어서 이름을 남긴다.'라는 속담은 대구법을 배울 때마다 등장하는 속담입니다. 앞뒤 문장이 다 겹문장이고 주어+서술어+(주어)+목적어+서술어의 구조가 반복되니까요. 하지만 위 시에서 통사 구조의 반복이 일어난다고 해서 대구법은 아니지요.

정리하자면 '대구법은 통사 구조의 반복이지만 통사 구조의 반복이 있다고 해서 꼭 대구법은 아니다.'라고 정리하면 되겠네요.

(2) 운율의 갈래

위에서 운율을 이루는 요소들을 살펴보았습니다. 그것을 바탕으로 운율을 몇몇 갈래로 갈라볼 수 있습니다.

❶ 외형률

▍**음수율** │ 음절의 수가 규칙적으로 반복되어 이루어지는 운율

▍**음보율** │ 음보가 규칙적으로 반복되는 운율

▍**음위율** │ 일정한 위치에 비슷한 음이 반복적으로 배치되어 드러나는 운율. 음위율에는 두운, 각운, 요운이 있습니다.

　　: 두운 │ 머리 두(頭)자를 쓰네요. 맨 앞에 비슷한 음이 반복

　　: 각운 │ 다리 각(脚)자를 씁니다. 맨 뒤에 비슷한 음이 반복

　　: 요운 │ 허리 요(腰)를 씁니다. 가운데에 비슷한 음이 반복

　　풀잎은
　　퍽도 아름다운 이름을 가졌어요.
　　우리가 '풀잎' 하고 그를 부를 때는,
　　우리들의 입 속에서는 푸른 휘파람 소리가
　　나거든요.

　　바람이 부는 날의 풀잎들은
　　왜 저리 몸을 흔들까요.
　　소나기가 오는 날의 풀잎들은
　　왜 저리 또 몸을 통통거릴까요.

　　　　　　　　　　　　　　　　　　　　_ 박성룡, 〈풀잎〉

위 시는 맨 뒤에 '~요'로 끝나네요. 각운을 지닌 음위율의 시로 볼 수 있습니다.

▍**음성률** │ 음의 강약, 고저, 장단 등이 단위를 이루어 규칙적으로 반복되는 운율입니다. 한시(漢詩), 영시(英詩)에는 쓰이지만 우리 시에서는 찾아보기 힘듭니다.

❷ 내재율 겉으로 명확히 나타나지 않고 은근히 느껴지는 운율입니다. 일정한 규칙

없이 배열되었으나 운율을 형성하는 요소들이 적절히 녹아들면서 음악적인 효과를 내게 됩니다.

4 시의 심상

위에서도 살펴보았듯이 심상은 '마음에 떠오르는 인상이나 느낌'을 뜻합니다. 지금까지 우리는 주로 감각적인 심상을 배우고 이야기했지만 어떻게 나누느냐에 따라 더 여러 가지로 나눠볼 수 있습니다. 감각적 심상/상징적 심상으로 나누기도 하고, 묘사적 심상/비유적 심상으로 나누기도 하고, 감각적 심상/의미적 심상 등으로 나누기도 합니다.

자, 시를 공부하는 어느 국어 교실을 잠시 엿볼까요. 선생님과 학생들이 이야기를 나눕니다.

선생님 : 시를 읽을 때 어떻게 읽는 것이 좋을까?
학생1 : 감정을 살려 읽어요.
학생2 : 소리를 내어 읽어요.
학생3 : 아니에요. 느낌이 가장 중요해요.
선생님 : 소리 내어 읽는다고? 느끼면서 읽는다고? 다 맞는 말이지만, 내가 생각하는 답은 아니야. 그럼 초성 퀴즈를 내 볼게. (   )에 들어갈 말이 무언지 생각해 봐. 시는 (ㅇ ㅁ ㅇ ㄹ) 읽는 거야. 물론 초성에 들어가는 ㅇ은 소리가 없다는 것은 알고 있지?
　잘 모르겠다고? 그럼 답을 말해 줄게. (   )에 들어갈 말은 (온몸으로). 시는 온몸으로 읽는 거야. 그게 무슨 말이냐구? '온몸으로' 읽는다는 것은, 우리의 모든 감각을 다 살려서 읽으라는 거지. 즉 눈에 보이듯, 귀에 들리듯, 냄새 맡듯, 만지듯 읽는 거지. 그것만이 아니야. 마음으로 느끼고, 때로는 우리의 냉철한 지식을 동원하기도 하고, 생각의 실마리를 잡아내며 읽기도 해야지. 그야말로 '온몸으로' 읽는 거야.

자, 이제 온몸으로 시를 읽기 위해 심상에 대해 공부하는 시간을 갖기로 해요.

(1) 감각적 심상

┃ 시각적 심상 ┃ 색채, 명암, 모양, 움직임 등을 나타내는 시각적인 시어나 시구에 의해 떠오르는 상 또는 느낌을 말합니다.

> ㉖ '길은 구겨진 넥타이처럼 풀어져' – 김광균 〈추일서정〉
> 잠 이루지 못하는 밤 고향집 마늘밭에 눈은 쌓이리./잠 이루지 못하는 밤 고향집 추녀밑 달빛은 쌓이리. – 박용래 〈겨울밤〉

┃ 미각적 심상 ┃ 맛을 나타내는 시어나 시구에 의해 떠오르는 상 또는 느낌을 말합니다. '참잘한'이란 말은 사전에는 없지만 '차갑고 달착지근한'이란 뜻입니다.

> ㉖ 마음만 낸다면 나는/오렌지의 참잘한 속살을 깔 수도 있다./마땅히 그런 오렌지/만이 문제가 된다. – 신동집 〈오렌지〉

┃ 청각적 심상 ┃ 구체적인 소리를 나타내는 시어나 시구에 의해 떠오르는 느낌을 말합니다.

> ㉖ 접동/접동/아우래비 접동 – 김소월 〈접동새〉

┃ 후각적 심상 ┃ 냄새를 나타내는 시어나 시구에 의해 떠오르는 상 또는 느낌을 말합니다.

> ㉖ 어마씨 그리운 솜씨에 향그러운 꽃지짐 – 김상옥 〈사향〉

┃ 촉각적 심상 ┃ 몸에 느껴지는 감각 즉, 촉각을 나타내는 시어나 시구에 의해 떠오르는 상 또는 느낌을 말합니다. 아래 시를 읽으면 서느런 아버지의 옷자락을 내 뺨에 부비면서 시원함을 느끼게 되지요.

> ㉖ 나는 한 마리 어린 짐승/젊은 아버지의 서느런 옷자락에/열(熱)로 상기한 볼을 말없이 부비는 것이었다. – 김종길 〈성탄제〉

┃ 공감각적 심상 ┃ 둘 이상의 심상(心象)이 같이 나타날 때, 하나의 감각을 다른 감각

으로 옮겨 표현하는 것을 공감각적 심상이라고 합니다. 아래 시에서 '푸른'은 시각적 심상, '종소리'는 청각적 심상입니다. 이 시에서는 종소리를 분수처럼 흩어진다, 푸르다고 표현했지요. 청각적 심상을 시각화하고 있는 셈입니다. '청각의 시각화'가 나타난 공감각적 심상입니다.

분수처럼 흩어지는 / 푸른 종소리

▌**복합 감각적 심상** │ 둘 이상의 심상이 이어지면 복합 감각적 심상이라고도 합니다.

(2) 상징적 심상

▌**상승과 하강** │ 상승이란 위로 올라간다는 뜻입니다. 하강은 내려간다는 뜻이지요. 누군가 산으로 오르거나 새가 솟구쳐 날아오르면 어떤 느낌이 오나요? 극복의 느낌, 진취적 느낌, 밝은 느낌이 듭니다. 반대로 '하강'은 슬픔을 주거나 절망감을 주거나 겸허해진다는 느낌을 줍니다. 시를 예로 들면서 살펴보기로 하지요.

㉮ 자유를 위해서
비상하여본 일이 있는
사람이면 알지
노고지리가
무엇을 보고
노래하는가를

_ 김수영, 〈푸른 하늘을〉

㉯ 관(棺)이 내렸다.
깊은 가슴 안에 밧줄로 달아 내리듯.
주여.
용납하소서.
머리맡에 성경을 얹어주고

나는 옷자락에 흙을 받아
좌르르 하직(下直)했다.

_ 박목월, 〈하관〉

(가) 시에서는 푸른 하늘로 솟구쳐 오르는 노고지리의 모습이 느껴집니다. 상승의 심상이 보입니다. 현실의 문제를 해결하기 위해 이상을 향해 솟구쳐 오르는 사람들의 의지를 노래하며 그것이 자유롭고 편한 것만은 아니라는 것, 희생과 고통의 과정이 있다는 것을 노래한 시입니다.

(나) 시는 시인이 동생의 죽음을 계기로 쓴 시입니다. 제목부터 '하관'. 관을 내린다는 뜻이지요. 관을 내리며 흙도 뿌립니다. 시 전체가 하강의 심상이 있지요. 슬픔과 안타까움의 정서를 보여주는 시입니다.

▌**생성과 소멸** │ 생성이란 생명이 싹트고 성장한다는 의미지요. 소멸은 죽어가거나 사라져간다는 뜻이구요.

가 어둠은 새를 낳고, 돌을
낳고, 꽃을 낳는다.
아침이면,
어둠은 온갖 물상을 돌려주지만
스스로는 땅 위에 굴복한다.
무거운 어깨를 털고
물상들은 몸을 움직이어
노동의 시간을 즐기고 있다.
즐거운 지상의 잔치에
금으로 타는 태양의 즐거운 울림.
아침이면,
세상은 개벽을 한다.

_ 박남수, 〈아침 이미지〉

나 겨울 바다에 가 보았지.

　미지(未知)의 새,

　보고 싶던 새들은 죽고 없었네.

_ 김남조, 〈겨울 바다〉

　(가) 시는 아침이 되어 만물이 깨어나는 모습을 보여줍니다. 생성의 심상을 시 전체에 담고 있네요. 밝음의 심상이기도 하구요. (나)는 생명이 소멸된 듯한 겨울바다의 차가운 모습을 보여주고 있네요.

　이 밖에도 상징적 심상은 여러 갈래로 나눌 수 있습니다. 시의 의미에 따라 다양한 상징성을 발견할 수 있을 거예요. 상징적 심상의 구분은 서로 겹치기도 하지요. 생성이 곧 밝음이고 소멸이 어둠일 수 있어요. 상승의 심상이 생성과 이어지기도 하고 하강이 소멸의 심상을 주기도 하고요.

　자, 다음 한 편의 시를 읽으며 시어, 행, 연, 운율, 심상에 대해 정리해 보기로 합시다.

　　아무도 그에게 수심(水深)을 일러 준 일이 없기에

　　흰나비는 도무지 바다가 무섭지 않다.

　　청(靑)무우밭인가 해서 내려갔다가는

　　어린 날개가 물결에 절어서

　　공주(公主)처럼 지쳐서 돌아온다.

　　삼월(三月)달 바다가 꽃이 피지 않아서 서글픈

　　나비 허리에 새파란 초생달이 시리다.

_ 김기림, 〈바다와 나비〉

　이 시는 총 7행, 3연으로 된 자유시입니다. 운율은 규칙성을 발견할 수는 없겠네요. '다'라는 어미로 끝나니까 음위율이 아니냐고 묻기도 하겠지만 그건 좀 억지스럽지요.

같은 어미로 끝나니까 운율감이 느껴지기는 하지만 그것을 곧 외형률이라 한다면 우리의 시 감상은 틀에 갇혀 버릴 거예요.

이제 시어를 볼까요? 이 시의 핵심을 이루는 시어들은 어떤 것인가요? 흰나비, 바다, 청무우밭, 어린 날개, 공주, 초생달 등이 눈에 들어오네요. 이 시어들은 사전적 의미를 넘어서 함축성을 지니고 있습니다. 연약하고 어린 존재인 나비, 그 나비와 대비되는 바다, 바다를 청무우밭이라 여긴 나비, 나비의 연약함과 순수함을 느끼게 하는 어린 날개, 나비를 비유한 공주, 차가운 느낌을 주는 초생달 등.

다양한 심상도 느껴집니다. 흰 나비와 푸른 바다를 통해 시각적 심상이 느껴지기도 하고, 새파란 초생달이 시리다는 표현에서 공감각적 심상을 찾을 수도 있습니다.

그러나 시를 감상할 때 시를 이루는 여러 요소를 하나하나 찾아보면서 시를 쪼개는 것보다는 그것을 총체적으로 느껴보는 것이 좋겠지요.

05 시의 요소들을 어떻게 배열할까

시의 전개 방식과 시의 발상

국어샘
길잡이

어느 교실의 가정 시간. 선생님이 몇 가지 재료를 안내하고 팀별로 색다른 요리를 만드는 과제를 주었습니다.

"양파와 베이컨, 달걀, 참치, 김치, 밥이 재료입니다. 이 재료 중 몇 개를 선택해도 되고 다른 재료 몇 개를 더해도 됩니다. 멋진 요리를 만들어보세요."

아이들은 머리를 짜냅니다. 재료들을 다 볶아서 김치볶음밥을 만드는가 하면 양파, 베이컨, 참치를 볶고 밥도 넣은 뒤 오믈렛을 만들기도 합니다. 김치에 참치를 넣어 김치찌개를 만들고 양파와 달걀로 달걀말이를 한 뒤 밥상을 차리기도 하네요. 재료들은 다양한 방식으로 요리 속에 담겨집니다. 큰 줄기는 몇 가지로 나눠지지요. 볶음 요리로 할 것인가? 삶을 것인가? 찜을 할 것인가? ……. 그리고 자잘한 아이디어를 덧붙이기도 합니다. 먹기 쉽게 돌돌 말아서 내놓자, 취향에 따라 덜어먹을 수 있게 하자, 장식에 신경을 쓰자 등등. 그렇게 해서 이러저러한 맛을 내보자.

시도 요리에 빗대어 생각해 볼 수 있습니다. 다양한 재료들은 시를 이루는 여러 요소일 것이고, 요리 과정이나 요리 방법은 시의 전개 과정일 것입니다. 최종적으로 만들어진 요리의 맛은 시에서 나타내고자 하는 중심 생각이겠지요.

두 편의 시를 읽어볼까요.

> **가** "오매 단풍 들것네."
>
> 장광에 골붉은 감닙 날러오아
>
> 누이는 놀란 듯이 치어다보며
>
> "오매 단풍 들것네."

추석이 내일모레 기둘리니
바람이 자지어서 걱정이리
누이의 마음아 나를 보아라
"오매 단풍 들것네."

_ 김영랑, 〈누이의 마음아, 나를 보아라〉

가 오누이들의
정다운 얘기에
어느 집 질화로엔
밤알이 토실토실 익겠다.

콩기름 불
실고추처럼 가늘게 피어나던 밤

파묻은 불씨를 헤쳐
잎담배를 피우며

"고놈, 눈동자가 초롱같애."
내 머리를 쓰다듬어 주시던 할머니.
바깥엔 연방 눈이 내리고
오늘밤처럼 눈이 내리고.

다만 이제 나 홀로
눈을 밟으며 간다.

오우버 자락에
구수한 할머니의 옛 얘기를 싸고,
어린 시절의 그 눈을 밟으며 간다.

오누이들의
정다운 얘기에
어느 집 질화로엔
밤알이 토실토실 익겠다.

_ 김용호, 〈눈 오는 밤에〉

　(가) 시는 사투리가 많이 사용되어 처음 읽을 때는 무슨 뜻인지 아리송합니다. 시의 장면을 생각해 보세요. 1연에서 누이는 장독대에 날아온 감잎을 보고 '어머나, 단풍 들겠네!'하고 감탄합니다. 그러나 2연에서는 추석이 얼마 남지 않았는데 바람이 불어 걱정이라는 마음이 담겨 있습니다. 추수도 해야 하고 추석 준비도 해야 하는데 날씨가 차가워져서 걱정이라는 것이겠지요. 누이의 걱정일 수도 있고, 나의 걱정일 수도 있습니다. 문맥상으로는 '누이가 걱정일 것이다'라고 볼 수 있습니다. 그러나 다시 한 번 '오매 단풍 들겠네'라고 말하며 다시 자연에 대한 감탄으로 마무리하고 있네요. 감잎 – 누이 – 나로 이어지며 공감이 확대되고 있어요. 자, 이 시의 시상전개의 핵심은 대조적인 전개입니다. 감잎에 감탄하는 외면의 모습과 아름다운 자연이 한 측면이라면 추워지는 계절에 대한 걱정이 또한 측면입니다. 감동이 한 측면이라면 현실적인 걱정이 한 측면입니다. 그리고 이 시는 '오매, 단풍들겠네'라는 행을 맨 앞과 맨 뒤에 배열하여 수미상관의 구조를 띠고 있습니다. 자연에 대한 감탄이 걱정스러움으로 이어지고, 그 모든 것을 공감으로 녹여내며 마무리하고 있어요.
　(나)는 어떤가요? 시의 흐름이 시간과 함께 하고 있네요. 과거의 시골 풍경이 보이고 눈을 매개로 하여 과거와 현실이 중첩됩니다. 그리고 현실의 상황이 이어진 뒤 1연과 같은 내용으로 마무리합니다. 시간적 전개이며, 앞뒤가 같은 수미상관의 구조입니다.
　자, 여기서는 시가 어떻게 전개되는가? 그리고 그 과정에서 어떤 절묘한 장치들이 숨어 있는가를 살펴보기로 합시다.

01 시상 전개	**(1) 시간의 흐름에 따른 시상 전개** – 순행적 시상 전개/ 역행적 시상 전개
	(2) 공간에 따른 시상 전개 – 공간의 이동에 따른 시상 전개 – 시선의 이동에 따른 시상 전개(원경/ 근경)
	(3) 선경후정의 시상 전개
	(4) 점층적 시상 전개
	(5) 대립적 시상 전개
	(6) 연상 작용에 의한 시상 전개
	(7) 기승전결의 시상 전개
	(8) 수미상관의 시상 전개
02 시의 발상과 표현	– 발상/ 감정이입/ 객관적 상관물/ 추상적 관념의 구체화/ 시적 허용 (시적 자유, 시적 파격)

1 시상 전개

　시를 이루는 요소는 시어, 행, 연, 운율, 화자의 어조나 태도, 정서 등입니다. 시인은 이 요소들을 조합해 한 편의 시로 형상화하여 시인이 노래하고자 하는 바를 독자에게 전달하는 것이지요. 그 형상화의 과정이 시상 전개입니다. 시상 전개는 무질서하게 이루어지는 것이 아니라 각 시에 따라 일관된 흐름이 있습니다. 시상 전개 방식을 이해하는 것은 그 시의 특징을 이해하는 것이며, 그것을 통해 작가가 나타내고자 하는 중심 생각을 파악하는 것이기도 합니다.

▌**시상** ᐟ 시에 나타난 사상이나 감정 또는 주제
▌**시상 전개** ᐟ 시의 요소들을 배열하여 시의 주제를 형상화하는 과정

(1) 시간의 흐름에 따른 시상 전개

　시간을 나타내는 말은 크게 세 가지입니다. 과거, 현재, 미래!
　현실에서의 시간은 순차적으로 흐릅니다. 어제에서 오늘로, 그리고 내일로 흘러가지요. 타임머신이 없는 한 우리의 시간은 시간 순서에 맞게 흘러갑니다. 그러나 우리 마음속에서는 과거, 현재, 미래가 뒤죽박죽이 될 수 있습니다. 회상을 통해 과거로 되돌아가기도 하고, 상상 속에서 미래를 향해 가기도 합니다. 시를 읽다 보면 시간의 흐름에 따른 전개가 많이 눈에 띕니다.

▌**순행적 시상 전개** ᐟ 시간 순서에 맞게 시상이 전개되는 방식입니다. 이육사의 〈광야〉는 '까마득한 날에'로 시작합니다. 오래 전 태초의 시간을 노래하는 것이지요. 그 시간은 과거입니다. 그리고 '지금'이라는 시어로 이어집니다. 현재인 셈이지요. 그리고 '다시 천고의 뒤에'라고 노래하여 미래를 예견합니다. 과거-현재-미래로 이어지는 순행적 시상 전개입니다.
　시간이 흐르는 것을 눈으로 지켜보는 듯한 시도 있습니다. 꽃잎 하나하나가 피어나는 광경이 아주 천천히 이어집니다. 시간 순서이되 시간의 속도를 최대한 늦추고 있지요.

꽃이 피네, 한 잎 한 잎.
한 하늘이 열리고 있네.

마침내 남은 한 잎이
마지막 떨고 있는 고비.

바람도 햇볕도 숨을 죽이네.
나도 가만 눈을 감네.

_ 이호우, 〈개화〉

📖 김광균 〈외인촌〉 : 저녁–밤–아침
　　정지용 〈비〉 : 비 내리기 직전–비가 내려 흐르는 모습
　　박남수 〈아침 이미지〉 : 어둠(밤)–아침

┃ 역행적 시상 전개 │ 시간이 현재에서 과거로 거꾸로 흐르는 시상 전개 방식입니다. 역행적 구성은 소설 속의 회상 장면에서도 종종 찾아볼 수 있습니다. 시 속에서도 회상을 통해 역행적 시상 전개가 많이 사용됩니다. 회상인지 잘 드러나지 않은 채, 현재 내용에 이어 과거 내용을 배치한 시도 있습니다.

여명(黎明)의 종이 울린다.
새벽 별이 반짝이고 사람들이 같이 산다.
닭이 운다, 개가 짖는다.
오는 사람이 있고 가는 사람이 있다.

오는 사람이 내게로 오고
가는 사람이 다 내게서 간다.

아픔에 하늘이 무너졌다.

깨진 하늘이 아물 때에도

가슴에 뼈가 서지 못해서

푸른빛은 장마에

넘쳐흐르는 흐린 강물 위에 떠서 황야(荒野)에 갔다.

나는 무너지는 둑에 혼자 섰다.

기슭에는 채송화가 무더기로 피어서

생(生)의 감각(感覺)을 흔들어 주었다.

_ 김광섭, 〈생의 감각〉

　　이 시는 작가가 고혈압으로 쓰러져 1주일간 사경을 헤맸던 개인적 체험이 계기가 되어 지어졌다고 합니다. 시인은 절망의 체험을 하고 절망의 끝에서 극적으로 소생한 것이지요. 그렇게 해서 바라보는 세상은 함께 하는 삶이며 내가 있으므로 해서 세상이 존재한다는 깨달음을 얻습니다. 1연과 2연은 현재형 시제가 쓰였네요. 3연과 4연은 과거형 시제입니다. 3연, 4연은 1연이 있기까지의 상황입니다. 시간적으로는 3-4-1-2연의 순서입니다. 그야말로 역행적 구성이지요.

　　백석의 〈여승〉도 이와 유사한 구성을 취하고 있습니다. 1연은 여승의 현재 모습, 2, 3, 4연은 여승이 되기까지 그녀가 살아온 이야기를 담아내고 있습니다.

　　例 김상옥 〈사향(思鄕)〉 : 현실-회상-현실

(2) 공간에 따른 시상 전개

　　공간의 이동에 따른 전개는 여러 양상을 취할 수 있습니다. 시의 화자가 공간을 이동하면서 시적 대상을 읊을 수도 있고, 시선이 공간에 따라 이동하면서 읊을 수도 있습니다. 이것을 좀 더 나눠보면 시적 대상을 바꿔가면서 시상을 전개할 수도 있고, 멀리서 가까이 혹은 위에서 아래 등으로 이동하면서 전개할 수도 있습니다.

❚ 공간의 이동에 따른 시상 전개 │ 화자가 공간을 이동하면서 시적 대상을 읊는 시상 전개를 말합니다. 아래 시를 보세요. (1)은 시의 화자가 호수 부근에서 호수를 바라보며 거닐고 있다면 (2)는 차 안에서 강물과 노을을 바라보고 있습니다.

(1)

양철로 만든 달이 하나 수면(水面) 위에 떨어지고
부서지는 얼음 소리가
날카로운 호적(呼笛)같이 옷소매에 스며든다.

해맑은 밤바람이 이마에 나리는
여울가 모래밭에 홀로 거닐면
노을에 빛나는 은모래같이

호수는 한 포기 화려한 꽃밭이 되고
여윈 추억(追憶)의 가지가지엔
조각난 빙설(氷雪)이 눈부신 빛을 발하다.

(2)

낡은 고향의 허리띠같이
강물은 기일게 얼어붙고

차창(車窓)에 서리는 황혼 저 머얼리
노을은
나어린 향수(鄉愁)처럼 희미한 날개를 펴고 있었다.

_ 김광균, 〈성호 부근〉

▌시선의 이동에 따른 시상 전개 ┃ 화자의 시선이 대상에 따라 이동하는 시상 전개를 말합니다. 먼 데서 가까운 데로 이동할 수도 있고, 위에서 아래로 또는 아래에서 위로 이동할 수도 있습니다. 때로는 안에서 밖으로, 밖에서 안으로 향하기도 하지요.

머언 산 청운사
낡은 기와집,

산은 자하산
봄눈 녹으면,

느릅나무
속잎 피어가는 열 두 구비를

청노루
맑은 눈에

도는
구름.

_ 박목월, 〈청노루〉

박목월의 〈청노루〉는 원경에서 근경으로 시선이 이동합니다. 멀리 있는 청운사의 낡은 기와집에서 봄눈이 녹고 있는 자하산의 열두 구비, 그리고 청노루 눈 속의 구름까지 이동합니다. 멀리 있는 것에서 가까이 있는 것까지 이동한다고 볼 수 있고, 바깥의 경치에서 청노루 눈 안의 경치로 이동한다고도 볼 수 있습니다.

: 원경 ┃ 멀리 있는 대상

: 근경 ┃ 가까이 있는 대상

예 김영랑 〈오월〉 : 근경 – 원경으로 낮은 곳 – 높은 곳으로 이동합니다. 구체적으로 화자의 시선은 들길→마을→들→바람→햇빛→보리→꾀꼬리→산봉우리로 이어지고 있지요.

(3) 선경후정의 시상 전개

▌**선경후정(先景候情)의 시상 전개** │ 먼저 경치나 외부의 정경을 묘사한 뒤, 나중에 사람의 감정을 담아낸다는 뜻입니다. 원래는 한시의 전형적인 창작 기법을 가리키는 말입니다.

시를 읽다 보면 처음에는 외부의 세계를 노래하다가 내면의 깨달음이나 상념을 담아내는 시가 있습니다. 이육사의 〈절정〉도 그 한 예가 됩니다. 1연, 2연에는 암울한 현실에 쫓겨 북방으로 휩쓸려 온 화자의 처지가 그려져 있습니다. 3연에는 절망적 현실 인식이 담겨 있고, 4연에서는 역설적 희망을 노래합니다. 부분적으로 수평 이동과 수직 이동의 공간 이동이 있지만 전체적 시상 전개는 선경후정의 시상 전개라 할 수 있습니다.

매운 계절(季節)의 채찍에 갈겨
마침내 북방(北方)으로 휩쓸려 오다.

하늘도 그만 지쳐 끝난 고원(高原)
서릿발 칼날진 그 위에 서다.

어디다 무릎을 꿇어야 하나
한 발 재겨 디딜 곳조차 없다.

이러매 눈 감아 생각해 볼밖에
겨울은 강철로 된 무지갠가 보다.

예 조지훈 〈봉황수〉: 퇴락한 고궁의 모습을 노래하는 부분이 선경에 해당됩니다.

이어지는 문장들은 망국의 허망감과 슬픔을 표현하는 내용으로 후정이라 할 수 있습니다.

(4) 점층적 시상 전개

┃ 점층적 시상 전개 ┃ 시의 의미나 정서를 점차 고조시켜가는 전개 방식을 말합니다. '점층'이란 점점 겹치며 강해진다는 뜻이지요. 점진적으로 어구를 겹쳐가면서 문장의 포괄적인 내용과 뜻을 넓혀 중심 주제로 이끌어가는 방식입니다.

이호우의 시조 〈개화〉는 시간의 흐름에 따른 시상 전개인 동시에 점층적 전개라 할 수 있습니다. 꽃이 피어나는 과정이 점점 절정에 이르도록 표현하고 있지요. 이육사의 〈교목〉도 점층적이라 할 수 있고요. 1연에서는 굽힐 수 없는 의지를 담아내고, 2연에서는 자신의 결의를, 3연에서는 죽음을 각오하고 극한적 상황에 대처한다는 의지를 담아냅니다. 의지를 점층적으로 고조시킨 점층적 전개이지요.

　　예 조병화 〈의자〉 : '의자를 비워 드린다'는 문장을 변형하여 반복함으로써 점층적으로 의미를 강조합니다.

(5) 대립적 시상 전개

┃ 대립적 시상 전개 ┃ 서로 상반된 의미나 이미지를 지닌 시어가 대립적인 구조를 취하거나 반복하여 전개되는 시상 전개를 말합니다. 어둠과 밝음, 생성과 소멸, 풍요와 빈곤 등 대립적인 의미 구조를 취하는 시들을 종종 발견할 수 있습니다. 김수영의 〈풀〉은 연약하지만 강인하고 끈기 있는 풀이라는 소재와 그 풀을 억압하는 바람이라는 소재가 대립적 구조를 이루고 있습니다.

　　예 신동엽 〈껍데기는 가라〉 : 껍데기(허위, 불의, 외세, 무력 등)와 알맹이(순수, 민족정기, 진실 등)의 대립적 시상 전개 방식을 띠고 있습니다.

(6) 연상 작용에 의한 시상 전개

┃ 연상 작용 ┃ 하나의 대상이나 어휘를 통해 이와 관련된 다른 생각들이 꼬리에 꼬리를 무는 작용을 말해요.

전봉건의 〈피아노〉라는 시를 보면 건반을 두드리는 손가락에서 신선한 물고기를 연상합니다. 그리고 이어 푸른 파도를 떠올리지요. 푸른 파도를 마치 푸른 날이 선 칼날 같다고 생각합니다. 피아노 선율 – 물고기 – 바다 – 파도 – 칼날로 연상 작용이 일어나지요. 대체 무엇을 말하려는 걸까요? 피아노 선율이 바닷물고기처럼 강하고 생명력이 넘친다는 것을 말하려는 것이겠지요.

> 예 문덕수 〈선에 관한 소묘〉 : 이 시에서 선은 실뱀이 되기도 하고 빗살이 되기도 합니다. 꽃과 불꽃으로 자유 연상이 이어지지요. 특별한 연관성이나 논리성이 있어서가 아닙니다. 자유로운 연상에 의한 시적 의미의 확산인 셈이지요.

(7) 기승전결의 시상 전개

▍**기승전결**│ 원래 한시의 구성 방식에서 유래한 것입니다. 글이 시작되고, 이어지며, 변화를 주고 마무리를 짓는다는 뜻이지요. 시에서는 시상을 제기하고 시상이 반복 심화되며, 시적 전환이 이루어지고 중심 생각이 마무리되는 형식을 취합니다. 흔히 4연 또는 내용상 네 부분으로 이루어집니다. 서정주의 〈국화 옆에서〉는 1연에서 꽃이 피기까지의 인고의 시간을 노래하고 2연에서는 그 과정의 고통을 좀 더 심화시킵니다. 3연에는 자아 발견의 모습이 담겨 있어요. 시상의 전환에 해당된다고 볼 수 있습니다. 4연은 마무리 부분으로, 시련을 통한 깨달음을 노래합니다.

> 비 개인 긴 언덕에는 풀빛이 푸른데, (雨歇長堤草色多)
> 그대를 남포에서 보내며 슬픈 노래 부르네. (送君南浦動悲歌)
> 대동강 물은 그 언제 다할 것인가, (大同江水何時盡)
> 이별의 눈물 해마다 푸른 물결에 더하는 것을. (別淚年年添綠波)
>
> _ 정지상, 〈송인〉

1행에서는 비 개인 푸른 언덕에서 시상이 시작하고 있습니다. 2행은 이별의 슬픔을 노래하는 부분이네요. 3행에서는 시상이 전환되어 대동강 물이 마를 날이 없다고 읊고 있습니다. 4행에서 숱한 이별의 슬픔이 강물에 더해진다고 하여 마무리 짓고 있습니다.

(8) 수미상관의 시상 전개

▌**수미상관(首尾相關), 수미쌍관(首尾雙關)** │ 머리와 꼬리가 서로 관련이 있다, 머리와 꼬리가 쌍을 이루어 연결되어 있다는 뜻입니다. 수미상응(首尾相應)이라는 말도 같은 뜻이지요. 양쪽 끝이 서로 통한다는 말입니다.

수미상관의 시상 전개는 시의 처음과 끝이 같거나 동일한 시구를 이루고 있습니다. 이 같은 전개 방식을 취하면 시의 형태가 균형을 이루고 시상 전개에 안정감을 줄 수 있지요.

한용운의 〈나룻배와 행인〉을 보면 1연과 4연, 즉 시의 처음과 끝이 모두 '나는 나룻배,/당신은 행인'이라고 되어 있습니다. 나는 나룻배처럼 당신을 기다리지만 당신은 강을 건너면 사라지는 존재입니다. 끝없이 기다리고 헌신하는 사랑의 자세를 전해주기 위해 시인은 시의 처음과 끝을 동일하게 하여 시상을 반복했고, 시의 균형미를 만들어냅니다.

<small>예</small> 김소월 〈진달래 꽃〉 : 시의 첫 부분은 '나보기가 역겨워/가실 때에는/말없이 고이 보내드리오리다'로 시작하고, 끝 부분은 '나보기가 역겨워/가실 때에는/죽어도 아니 눈물 흘리오리다'로 마무리하고 있습니다. 변화가 있지만 유사한 시구로 앞뒤의 균형을 맞추고 주제를 강조하고 있는 것이지요.

2 시의 발상과 표현

시상이 일정한 흐름을 이루면 시상 전개이지만 부분적인 발상도 시의 독특한 표현을 이루는 요소들입니다.

▌**발상**發想 │ 어떤 생각 또는 상상을 해내는 힘을 말합니다.

흔들리는 나무를 보고 마음이 흔들린다고 생각한다면 사물을 사람처럼 생각하는 발상일 것이고, 뭔가를 거꾸로 생각한다면 역발상이겠지요. 시의 부분 부분 번득이는 발상들을 몇 가지 살펴보기로 하겠습니다.

■ 감정이입 ┃ 주체가 자신의 감정을 대상 속에 담아내는 것을 말합니다. 사람은 자기중심으로 세상을 바라보는 특성이 있지요. 그러다 보니 자신의 감정을 사물에 담아 표현하곤 합니다. '새가 울고 있다', '새가 노래한다'와 같은 표현을 보세요. 우리는 사실 새가 노래하는지, 우는지, 웃는지, 이성을 부르는지 잘 알지 못합니다.

> 붉은 해는 서산(西山) 마루에 걸리었다.
> 사슴의 무리도 슬피 운다.
> 떨어져 나가 앉은 산 위에서
> 나는 그대의 이름을 부르노라.

김소월의 〈초혼〉의 한 부분입니다. 떠난(죽은) 임을 안타깝게 찾는 이 시에서 화자의 감정은 서러움과 슬픔입니다. 사슴 무리의 소리를 슬피 우는 것으로 듣는 것은 감정이입이 이루어졌기 때문이지요.

　　예 정서 〈정과정곡〉 : 내 님을 그리워하며 울며 다니는데 산의 접동새도 나와 비슷하다는 내용의 시구가 있습니다.

■ 객관적 상관물 ┃ 정서를 표현할 때 직접적으로 드러내기보다는 구체적 사물을 통해 간접적으로 나타내는 경우, 이때 사용된 사물을 객관적 상관물이라고 합니다. 사물의 특성이나 모양 등에 의미를 부여하여 감정을 가진 것처럼 표현하는 것이지요. 화자의 감정과 유사한 감정이입의 대상일 수도 있고, 화자의 감정을 간접적으로 드러내는 것일 수도 있고, 화자의 감정과 전혀 다른 것일 수도 있지요.

　　: 화자의 감정을 직접적으로 담아낸 경우 ┃ 아래 시에서 귀촉도는 화자의 비통한 마음을 그대로 담아내는 감정이입의 대상이기도 합니다.

> 초롱에 불빛, 지친 밤하늘
> 구비구비 은핫물 목이 젖은 새,
> 차마 아니 솟는 가락 눈이 감겨서

제 피에 취한 새가 귀촉도 운다.
그대 하늘 끝 호올로 가신 님아.

_ 서정주, 〈귀촉도〉

: 화자의 감정을 간접적으로 담아낸 경우 | 아래 시에서 물은 객관적 상관물입니다. 물이 지닌 정화의 속성, 생명력이라는 속성을 토대로 '강물에 눕고, 죽은 나무뿌리를 적시는' 감정을 가진 존재로 표현하고 있네요.

흐르고 흘러서 저물녘엔
저 혼자 깊어지는 강물에 누워
죽은 나무뿌리를 적시기도 한다면.
아아, 아직 처녀인
부끄러운 바다에 닿는다면.

_ 강은교, 〈우리가 물이 되어〉

: 화자의 감정과 대비되는 경우 | 아래 시에서 꾀꼬리는 외로운 화자의 처지와는 대비되는 사물이지요. 화자는 외롭지만 꾀꼬리는 서로 정답게 놀고 있는 객관적 상관물입니다.

훨훨 나는 꾀꼬리는
암수 다정히 즐기는데,
외롭구나 이 내 몸은
뉘와 함께 돌아갈꼬.

_ 유리왕, 〈황조가〉

▌추상적 관념의 구체화 | '사랑'이라든가 '정의' 등 구체적으로 표현할 수 없는 정서나 시간의 흐름 같은 관념을 사물에 빗대어 구체적으로 표현하는 방법이 시에서 종종 쓰

입니다. 비유나 상징을 사용하거나 시각화하기도 합니다. 이 추상적 관념의 구체화를
이야기할 때 자주 예로 드는 황진이의 시조가 있습니다.

> 동짓달 기나긴 밤을 한 허리를 베어 내어,
> 춘풍(春風) 이불 아래 서리서리 넣었다가
> 정든 님 오신 날 밤이어든 구비구비 펴리라.

기나긴 밤은 시간으로 추상적인 개념입니다. 그것을 어떤 물건처럼 잘라내어 접어
넣었다가 펴겠다는 발상이 독특합니다. 비유이며, 추상적 관념의 시각화인 셈이지요.

- **예** 내 마음은 / 호수요. – 김동명 〈내 마음은〉 : 마음이라는 추상적 관념을 호수라
  는 구체적 사물에 빗대고 있어요.

  시간이 똘똘 / 배암의 또아리를 틀고 있다. – 신동집 〈오렌지〉 : 시간은 추상적
  개념입니다. 배암의 또아리는 눈에 보이는 구체적인 모습이지요.

▎시적 허용(시적 자유, 시의 파격) 시에서 예술적 효과를 얻기 위하여 문법이나 어
법 등 일상 언어의 일정한 기준을 벗어나는 것이 허용된다는 뜻입니다. 예를 들어 '하
이얀', '노오란' 같은 말은 문법적으로 틀린 말이지만 시의 운율감을 살리기 위해서는
허용됩니다.

- **예** 지금 내가 어린 벗에게 다시 하는 말이/항상 봄처럼 부지런해라. – 조병화 〈해
  마다 봄이 되면〉 : '부지런하다'는 형용사이므로 명령형을 쓸 수 없습니다. '부지
  런해져라'라고 해야 맞지요. 그러나 '부지런해라'가 더 감정에 울림을 주며 시의
  표현을 매끄럽게 한다고 볼 수 있겠지요.

06

할머니는 **이야기꾼**

소설의 서술자

국어샘 길잡이

어린 시절, 할머니의 품에 안겨 재미난 옛날이야기를 듣습니다.

"옛날 옛날에 어린 남매가 엄마와 산골 마을 작은 집에 살고 있었어."

우리는 할머니가 들려주는 이야기 속에 빠져들었습니다. 그러니까 할머니는 이야기를 해 주는 사람, 즉 '이야기꾼'이었습니다. 달리 말하면 할머니가 화자 또는 서술자인 셈이에요. 할머니의 목소리와 생각으로 이야기를 시작하다가 호랑이가 되기도 하고, 호랑이 속마음을 이야기하기도 하고, 엄마가 되기도 하고, 아이가 되기도 합니다. 가끔씩은 할머니로 돌아와 이야기를 이어가고요. 할머니가 해 주신 이야기는 소설은 아니지만 소설의 바탕이 되는 '꾸며낸 이야기'였죠.

시가 노래라면 소설은 이야기입니다. 수필이 실제 삶과 거기서 우러나온 생각을 쓴 것이라면 소설은 그 삶을 바탕으로 꾸며낸 것이지요. 그런데 할머니의 옛날이야기보다는 조금 더 '잘' 꾸며낸 이야기입니다. '이야기'이기에 이야기를 해 주는 사람에 대한 공부가 필요합니다. 즉 소설의 서술자(화자)에 관한 것이지요. 서술자가 어떤 위치에서 이야기하는가를 보아야 하고, 어떤 성격의 서술자인가도 생각해 보아야 하고, 이야기하는 방식에는 어떤 것들이 있는지도 알아야겠지요.

01 소설의 서술자	– 서술자/ 작품 밖 서술자/ 작품 속 서술자/ 신뢰할 수 없는 서술자와 신뢰할 만한 서술자/ 어린이 서술자
02 소설의 시점	– 1인칭 주인공 시점/ 1인칭 관찰자 시점/ 전지적 작가 시점 (편집자적 논평)/ 작가 관찰자 시점
03 소설의 표현 방법	– 서사(서술)/ 묘사/ 대화

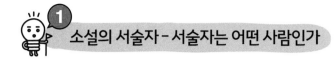

소설의 서술자 – 서술자는 어떤 사람인가

▌**서술자** │ 소설 속에서 이야기를 전해주는 사람을 가리킵니다. 화자라고도 하지요. 서술자는 '나'라는 작품 속의 인물이기도 하고, 때로는 실제 작가처럼 여겨지기도 합니다. 하지만 서술자는 작가가 만들어낸 이야기꾼입니다. 작가는 자기가 들려주고 싶은 이야기를 서술자를 통해 이야기하는 것이지요. 자, 다음 작품들을 보세요.

가 서희는 해당화 가지를 휘어잡았다. 그리고 땅바닥에 주저앉았다.

"정말이냐……"

속삭이듯 물었다. 그 순간 서희는 자신을 휘감은 쇠사슬이 요란한 소리를 내며 땅에 떨어지는 것을 느낀다. 다음 순간 모녀는 부둥켜안았다. 이때 나루터에서는 읍내 갔다가 나룻배에서 내린 장연학이 둑길에서 만세를 부르고 춤을 추며 걷고 있었다. 모자와 두루마기는 어디다 벗어던졌는지 동저고리 바람으로 "만세! 우리나라 만세! 아아 독립 만세! 사람들아! 만세다!"

외치고 외치며, 춤을 추고, 두 팔을 번쩍번쩍 쳐들며, 눈물을 흘리다가는 소리 내어 웃고, 푸른 하늘에는 실구름이 흐르고 있었다.

_ 박경리, 〈토지〉

나 나는 불현듯이 겨드랑이가 가렵다. 아하 그것은 내 인공의 날개가 돋았던 자국이다. 오늘은 없는 이 날개, 머릿속에서는 희망과 야심의 말소된 페이지가 딕셔너리(사전) 넘어가듯 번뜩였다.

나는 걷던 걸음을 멈추고 그리고 어디 한번 이렇게 외쳐 보고 싶었다.

날개야 다시 돋아라.

날자. 날자. 날자. 한 번만 더 날자꾸나.

한 번만 더 날아 보자꾸나.

_ 이상, 〈날개〉

다 우리 아저씨 말이지요, 아따 저 거시기, 한참 당년에 무엇이냐 그놈의 것, 사회주의라더냐, 막걸리라더냐 그걸 하다, 징역 살고 나와서 폐병으로 시방 앓고 누웠는 우리 오촌 고모부 그 양반⋯⋯.

머, 말두 마시오. 대체 사람이 어쩌면 글쎄⋯⋯ 내 원! 신세 간 데 없지요.

자, 십 년 적공, 대학교까지 공부한 것 풀어먹지도 못했지요, 좋은 청춘 어영부영 다 보냈지요, 신분에는 전과자라는 붉은 포장 찍혔지요, 몸에는 몹쓸 병까지 들었지요. 이 신세를 해가지굴랑은 굴속 같은 오두막집 단간 셋방 구석에서 사시장철 밤이나 낮이나 눈 따악 감고 드러누웠군요.

_ 채만식, 〈치숙〉

라 나는 금년 여섯 살 난 처녀애입니다. 내 이름은 박옥희이고요. 우리 집 식구라고는 세상에서 제일 이쁜 우리 어머니와 단 두 식구뿐이랍니다. 아차, 큰일났군, 외삼촌을 빼놓을 뻔했으니⋯⋯. (중략)

우리 어머니는, 그야말로 세상에서 둘도 없이 곱게 생긴 우리 어머니는, 금년 나이 스물네 살인데 과부랍니다. 과부가 무엇인지 나는 잘 몰라도, 하여튼 동리 사람들이 날더러 '과부 딸'이라고들 부르니까, 우리 어머니가 과부인 줄을 알지요. 남들은 다 아버지가 있는데, 나만은 아버지가 없지요. 아버지가 없다고 아마 '과부 딸'이라나 봐요.

_ 주요섭, 〈사랑손님과 어머니〉

위의 작품들을 읽어보면 작가처럼 여겨지는 작품 밖 서술자가 있는 작품도 있고, 작가의 분신인 듯한 등장인물이 서술자인 작품도 있고, 좀 어리숙한 사람이 이야기를 풀어나가는 것도 있고, 어린아이가 이야기를 해 나가는 것도 있네요. '서술자의 시점' 부분과 일부 겹치는 내용이기도 하지만 어디에 있느냐에 따라 또 어떤 상태인가에 따라 서술자의 성격은 달라집니다.

┃ 작품 밖 서술자 (가)는 서술자가 작품 밖에서 이야기를 들려줍니다.

▌**작품 속 서술자**│ (나), (다), (라)는 서술자가 작품 속에 있네요. '나'라는 등장인물로 말입니다.

▌**신뢰할 수 없는 서술자(신빙성 없는 서술자)와 신뢰할 만한 서술자**│ (가)의 서술자는 작품 안의 등장인물은 아닙니다. 우리는 마치 작가가 우리에게 이야기를 들려주고 있다는 생각을 하게 되지요. 그렇기에 그의 진술은 믿을 만합니다. 하지만 (다)의 서술자는 '나'라는 어리석은 젊은이입니다. 지식수준도 제한되어 있어서 사회주의가 뭔지도 모르고 막걸리 운운하고 있어요. 아저씨에 대해서도 우호적이지 않구요. 자기 마음대로 판단합니다. 가치관도 일그러졌어요. 작품 전체를 읽어보면 '나'는 무식하고, 일본인 주인의 눈에 잘 보여 승진하는 것, 일본 여자와 결혼하는 것 등을 꿈꾸고 있어요. '신뢰할 수 없는 서술자'인 셈이지요. 정리하자면 '신뢰할 수 없는 서술자'는 일그러진 가치관, 편협한 사고, 제한된 지식수준을 갖고 있는 서술자입니다. 독자는 그의 서술을 독자 나름대로 다시 판단할 수밖엔 없습니다.

▌**어린이 서술자**│ (라) 작품의 서술자는 어린이입니다. 그렇기 때문에 일정 부분 '신뢰할 수 없는 서술자'입니다. 어린아이의 눈으로 보는 만큼만 우리에게 전달해 줍니다. 윤흥길의 〈장마〉에도 어린이가 서술자로 등장하지요. 남과 북의 갈등이라는 주제를 다룰 때 한편으로 치우치지 않고 작품을 바라볼 수 있게 해 주는 효과가 있었고요. (라) 작품처럼 어른들의 사랑 이야기가 아무것도 모르는 어린아이의 눈을 통해 전해질 때 더 신비하고 아름답게 느껴질 수도 있답니다. 넓게 보면 어린이 서술자도 신뢰할 수 없는 서술자에 든다고 할 수 있습니다.

② 소설의 시점 – 서술자가 바라보는 세상

위에서 작품 속 서술자와 작품 밖 서술자를 좀 더 확장시켜 보면 시점을 쉽게 이해할 수 있을 거예요. 작품 속에 등장한다면 주인공이든 주변 인물이든 '나'가 서술해 갈 것입니다. 작품 밖에 있다면 '그는 ~했다', '철수는 ~이다'와 같은 서술을 하겠지요. 크게 1인칭 주인공 시점, 1인칭 관찰자 시점, 전지적 작가 시점, 작가 관찰자 시점 등으로 나눕니다. 그리고 하나의 시점으로 시작했다고 하여 끝까지 단일한 시점이어야 할 필요는 없습니다. 작품에 따라 여러 시점이 사용되기도 하고, 어느 하나의 시점이 주를 이루면서도 다른 시점이 섞이는 작품도 있습니다. 조세희의 〈난장이가 쏘아올린 작은 공〉은 여러 편의 단편이 하나의 작품을 이루는 연작소설입니다. 단편별로 3인칭 시점이기도 하고, 1인칭 시점이기도 합니다. 1인칭 시점일 때도 등장인물이 돌아가며 자신의 생각이나 체험을 이야기하지요. 때로는 자신이 본 다른 인물에 대한 이야기를 하기도 하구요.

▎**1인칭 주인공 시점** │ 주인공이 자기 자신의 이야기를 하는 경우입니다. 독자는 주인공의 생각과 체험에 대해서 깊이 공감할 수 있겠지요. 주인공이 이야기를 해나가는 주체이자 이야기의 대상입니다.

> 나는 잠시 멍멍하게 있었다. 성낸 불길이 치받쳐 올라온다. 나는 참을 수 없다.
> "막벌이꾼한테 시집을 갈 것이지 누가 내게 시집을 오랬어! 저 따위가 예술가의 처가 다 뭐야!"
> 사나운 어조로 몰풍스럽게 소리를 꽥 질렀다.
> "에그……!"
> 살짝 얼굴빛이 변해지며 어이없이 나를 보더니 고개가 점점 수그러지며 한 방울 두 방울 방울방울 눈물이 장판 위에 떨어진다.
>
> _ 현진건, 〈빈처〉

위 글에서 '나'는 이 소설의 주인공입니다. 소설을 쓰는 가난한 작가이지요. 가난한 살림을 이끌어가는 아내에 대한 안타까움, 연민, 때로는 분노, 사랑이 어우러진 짧은 소설입니다. '나'라는 인물이 아내를 바라보며 자기 주변에서 벌어지는 이야기를 담아내고 있어요.

▎**1인칭 관찰자 시점** │ 소설에 등장하는 부수적 인물이 주인공의 이야기를 서술하는 시점입니다. '나'의 눈을 통해 주인공의 행동이나 성격이 그려지게 됩니다. 가장 대표

적인 작품으로는 위에서 살펴 본 주요섭의 〈사랑손님과 어머니〉가 있어요.

▍전지적 작가 시점 │ 마치 작가처럼 여겨지는 서술자가 인물의 행동이나 대화뿐 아니라 내면 심리까지 모든 것을 서술하는 시점을 말합니다. 고전소설 대부분이 이에 해당하고, 장편소설도 전지적 작가 시점의 작품들이 대부분입니다. 여러 인물이 등장하고, 다양한 사건이 복합적으로 얽혀 있는 작품이라면 1인칭의 서술로는 한계가 있겠지요. '전지적'으로 서술해야 여러 인물, 여러 사건들을 다룰 수 있을 거예요. '전지(全知)'란 '모든 것을 안다'는 뜻이지요. 모든 것을 알고 모든 것을 할 수 있는 신을 가리켜 '전지전능한 신'이라고 하잖아요.

　다음의 작품들을 보세요. 우리 고전소설 〈임진록〉과 채만식의 〈탁류〉입니다. 등장인물의 상황은 물론 과거, 현재를 두루 헤아리고 있지요. 그야말로 전지적입니다.

㉮ 이때, 함경도 곡산 땅에 한 사람이 있으되, 성은 김(金)이요 명은 덕령(德齡)이라. 힘은 능히 삼천 근을 들고 신장은 구척이요, 검술과 육도삼략이 옛날 황석공의 도술을 당하는지라. 아깝도다. 이때는 부친의 초토(草土) 중에 있고, 모부인을 섬겨 하루도 떠나지 아니하더니, 일일은 들으니 왜적이 백 리 안에 온다 하거늘 모부인께 여쭈오되,

　"국운이 불행하여 왜적이 산과 들에 가득 찼사오니, 소자가 비록 초토에 있사오나 지금은 국사가 망극하오니 신민의 도리로 어찌 편안하오리이까? 나아가 도적을 물리치고 즉시 돌아오리이다."

_ 〈임진록〉

㉯ 지금으로부터 열두 해 전, 정주사가 강 건너 서천 땅에서 이곳 군산으로 이사를 해 올 때, 그의 선대의 유산이라고는 선산 한 필에, 논 사천 평과 집 한 채 그것뿐이었었다. 그때에 정주사는 그것을 선산까지, 일광지지만 남기고 모조리 팔아서 빚을 뚜드려 갚고 나니, 겨우 이곳 군산으로 와서 팔백 원짜리 집 한 채를 장만할 밑천과 돈이나 한 이삼백 원 수중에 떨어진 것뿐이었었다.

_ 채만식, 〈탁류〉

(가)는 고전소설입니다. 임진왜란을 배경으로 펼쳐지는 역사군담소설이지요. 다양한 인물과 비현실적 사건의 전개 등 전지적 작가 시점으로 풀어갑니다. (나)는 군산과 서울을 배경으로 일제 강점기에 타락해가는 인간 군상을 다룬 채만식의 장편소설입니다. 서술자가 정주사라는 인물의 조상대까지 두루 알고 있는 듯 서술하고 있군요.

여기서 잠깐, (가)의 줄친 부분을 보세요. 인물의 상황이나 재주 등에 대해 이야기하는 것은 전지적 작가 시점이니까 당연한데 줄친 부분은 서술자의 감정까지 드러낸 것이네요.

: 편집자적 논평 | 이처럼 서술자의 판단, 감정 등 서술자가 직접 개입하는 서술 방식을 편집자적 논평이라고 합니다.

▌작가 관찰자 시점 | 작가가 관찰자의 입장에서 이야기를 서술하는 방법입니다. 따라서 독자는 주인공의 내면 심리를 알 수는 없으나 행동이나 대화를 통해 짐작할 수 있습니다. 3인칭 관찰자 시점으로 자주 들먹여지는 작품이 황순원의 〈소나기〉입니다. 한 부분을 볼까요.

소녀는 소년이 개울둑에 앉아 있는 걸 아는지 모르는지 그냥 날쌔게 물만 움켜낸다. 그러나, 번번이 허탕이다. 그대로 재미있는 양, 자꾸 물만 움킨다. 어제처럼 개울을 건너는 사람이 있어야 길을 비킬 모양이다.

그러다가 소녀가 물속에서 무엇을 하나 집어낸다. 하얀 조약돌이었다. 그리고는 벌떡 일어나 팔짝팔짝 징검다리를 뛰어 건너간다.

다 건너가더니만 홱 이리로 돌아서며, "이 바보." 조약돌이 날아왔다.

_ 황순원, 〈소나기〉

만약 위의 부분을 전지적 작가 시점으로 써나간다면 어찌 될까요? '소녀는 소년이 개울둑에 앉아 있는 걸 알면서도 날쌔게 물만 움켜낸다.' 이런 식으로 써나가겠지요. 그러나 작가 관찰자 시점이기에 소녀의 행동을 보여주듯 전개하고 있습니다.

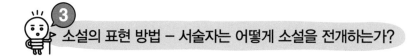

3 소설의 표현 방법 – 서술자는 어떻게 소설을 전개하는가?

어릴 적 엄마가 우리 전래동화를 이야기로 들려주던 때를 기억해 보세요.

> 콩쥐는 어릴 적 엄마를 잃었어. 아버지는 어린 콩쥐를 힘들여 키웠어. 콩쥐가 어느 정도 자랐을 때 아버지는 새엄마를 맞이했단다. 새엄마 눈이 퉁방울 같고 입술이 두툼한 게 심술보가 잔뜩 붙어있는 것 같았어. 한 번 눈을 부릅뜨고 쳐다보면 '어휴 무서워' 할 정도야.
> 그러던 어느 날 새엄마가 콩쥐를 불러 일을 시켰지.
> "콩쥐, 너는 오늘부터 밭에 김을 매러 가라."

자, 뒤에 이어지는 이야기는 여러분이 다 아니까 생략하기로 하죠. 엄마가 들려준 이야기를 가만히 보세요. 사건의 전개를 이야기해주는 부분이 있고, 대상을 생생하게 묘사하는 부분이 있고, 인물의 말을 흉내 낸 듯한 부분이 있지요. 이야기를 해 나가는 데 또 다른 표현 방법이 있을까요? 이 세 가지면 충분할 것 같습니다. 소설도 마찬가지입니다. 서술, 묘사, 대화의 세 가지가 소설을 전개해나가는 방식, 소설의 표현방식입니다.

서사(서술) | 시간의 진행에 따른 사건 전개를 따라 이야기하는 방법입니다. 어떤 사건을 설명하고, 정보를 전달해주는 역할을 하지요. 아침에 일어나 밥을 먹고 버스를 타고 학교에 오기까지의 과정을 이야기한다면 그것이 곧 서술이 되겠지요. 아래 예문을 읽으면 우리 머릿속에는 시간의 흐름에 따라 진행되는 등장인물들의 행동이 펼쳐집니다.

> 겨울방학이 끝나면 담임인 여선생은 중국인 거리에 사는 아이들을 불러 학교 숙직실로 데리고 갔다. 그리고 숙직실 부엌 바닥에 웃통을 벗겨 엎드리게 하고는 미지근한 물을 사정없이 끼얹었다. 귀 뒤, 목덜미, 발가락, 손톱 사이까지 탄가루가 없

는 것을 확인하고서야 왕소름이 돋은 등어리를 찰싹찰싹 때리는 것으로 검사를 끝냈다. 우리는 킬킬대며 살비듬이 푸르르 떨어지는 내의를 머리부터 뒤집어썼다.

_ 오정희, 〈중국인 거리〉

┃ 묘사 ┃ 서술이 시간의 흐름에 따른 사건의 진행이나 정보, 설명 등이라면 묘사는 감각을 통해 사물의 모습이나 상황을 그리듯이 표현하는 방법입니다. 눈에 보이듯, 귀에 들리듯 느껴지는 것이지요. 다음은 아름다운 배경 묘사로 널리 알려진 작품입니다. 달빛이 흘러내리는 산길의 광경을 감각적으로 생생하게 묘사했네요.

달은 지금 긴 산허리에 걸려 있다. 밤중을 지난 무렵인지 죽은 듯이 고요한 속에서 짐승 같은 달의 숨소리가 손에 잡힐 듯이 들리며, 콩 포기와 옥수수 잎새가 한층 달에 푸르게 젖었다. 산허리는 온통 메밀밭이어서 피기 시작한 꽃이 소금을 뿌린 듯이 흐뭇한 달빛에 숨이 막힐 지경이다.

_ 이효석, 〈메밀꽃 필 무렵〉

┃ 대화 ┃ 인물들이 주고받는 말. 대화가 나오는 부분을 보면 어느 부분은 대화만 이어지기도 하고, 또 어느 부분은 서술·묘사와 섞여 이어지기도 합니다. 대화가 빠지면 소설은 좀 심심하겠지요? 눈앞에 펼쳐지듯 사건이 전개되려면 대화가 제격이랍니다. 소설을 읽는 독자는 대화를 통해 인물의 심리를 짐작하기도 하고, 사건의 흐름을 알 수 있고, 다양한 정보를 얻을 수 있습니다. 아래 예문은 현진건의 〈고향〉의 한 장면입니다. 두 사람의 대화를 통해 일제 강점기 농촌이 얼마나 피폐했는지 알 수 있고, '그'라는 인물이 폐허가 된 고향에 다녀왔다는 것도 알 수 있습니다. 등장인물의 말투를 통해 그가 어떤 사람인지도 짐작할 수 있구요.

고향에 가시니 반가워하는 사람이 있습디까?"
나는 탄식하였다.
"반가워하는 사람이 다 뭐기오, 고향이 통 없어졌더마."

"그렇겠지요. 구 년 동안이면 퍽 변했겠지요."

"변하고 뭐고 간에 아무것도 없더마. 집도 없고 사람도 없고 개 한 마리도 얼씬을 않더마."

"그러면 아주 폐농이 되었단 말씀이오."

"흥, 그렇구마. 무너지다가 담만 즐비하게 남았즈마. 우리 살던 집도 터야 안 남았 겠는기오."

하고 그의 짜는 듯한 목은 높아졌다.

_ 현진건, 〈고향〉

07

소설에 담긴 세상
소설의 인물과 배경

여러분이 읽었던 소설 작품을 되새겨 보세요. 가장 재미나게 읽었던 소설, 마음에 찡한 울림을 준 소설, 공포와 두려움에 떨게 만든 소설……. 소설이 이렇게 우리를 사로잡는 까닭은 소설 속의 사건이 흥미진진해서이며, 그 사건을 이끌어가는 인물의 성격이 우리를 사로잡기 때문이며, 그 인물들을 둘러싼 환경이나 시대 상황 등 시간적 공간적 배경이 남다르기 때문일 것입니다.

인물, 배경, 사건은 소설을 구성하는 세 요소입니다. 옷감에 날실과 씨실이 있듯, 소설이라는 옷감을 짜나가는 데 인물과 배경, 사건은 필수적인 요소이니까요. 이번 장에서는 소설의 인물, 소설의 인물들이 만들어내는 사건 전개의 핵심인 갈등, 인물이 처한 배경에 대해서 알아보기로 해요.

01 소설의 인물	(1) **중요도에 따라** – 중심인물/ 주변 인물
	(2) **성격 변화에 따라** – 평면적 인물/ 입체적 인물
	(3) **성격에 따라** – 전형적 인물/ 개성적 인물
	(4) **역할에 따라** – 주동 인물/ 반동 인물
02 인물의 묘사와 성격 제시 방법	(1) **인물의 묘사 방법** – 외면 묘사/ 심리 묘사(내면 묘사)
	(2) **인물의 성격 제시 방법** – 직접적 방법/ 간접적 방법
03 갈등	(1) **갈등의 개념**
	(2) **갈등의 유형** ❶ 내적 갈등 ❷ 외적 갈등
04 소설의 배경	(1) **자연적 배경** (2) **사회적 배경** (3) **사상적 배경**

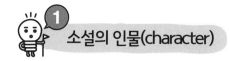

'인물'은 소설에 등장하는 사람 혹은 캐릭터를 말하지요. 그 인물이 가지는 특별한 성격이나 개성까지도 포함하여 말하는 개념입니다. 인물은 소설의 중심입니다. 사건을 이끌어가는 것은 바로 인물이니까요. 일반적으로 소설에서 성격이 다른 인물들이 만나 부딪치면서 갈등을 만들어냅니다. 그 갈등이 사건으로 발전하는 것이지요.

소설의 인물은 중요도, 성격, 역할 등에 따라 몇 가지로 분류하기도 합니다. 어떤 기준을 세우느냐에 따라 인물의 유형은 더 나누어질 수도 있고, 다른 유형을 생각해 볼 수도 있습니다.

(1) 중요도에 따라

▌**중심인물** │ 사건을 이끌어가는 중심인물, 주인공을 말합니다. 김려령의 〈완득이〉에서 중심인물은 완득이겠지요. 이 글의 주인공이며 완득이를 중심으로 사건이 전개되니까요.

▌**주변 인물** │ 사건의 진행을 돕는 부차적 인물입니다. 때로는 주인공의 조력자가 되기도 하고, 드라마나 영화의 엑스트라처럼 사건의 진행에 핵심적인 역할은 하지 않지만 이야기 전개에 도움을 주거나 분위기를 형성하기도 하지요. 〈완득이〉에서 완득이가 주인공이라면 동주 선생님이나, 어머니, 미라 등은 주변 인물이라 할 수 있겠지요.

소설에 중심인물만 있다면 이야기의 전개가 힘들겠죠. 이 세상은 주인공만 있는 것이 아니니까요.

(2) 성격 변화에 따라

▌**평면적 인물** │ 작품 속에서 처음부터 끝까지 성격이 변화하지 않고 주위의 어떠한 변화에도 영향을 받지 않는 인물을 말합니다. 일관성 있는 성격인 셈이지요. 정적 인물(static character)이라고도 합니다. 고전소설에는 이런 인물들이 많이 나오지요. 한결같이 선하고, 한결같이 충성스럽고, 한결같이 악한 그런 인물들 말입니다.

　　예 〈흥부전〉의 흥부는 처음부터 끝까지 착한 인물

▌입체적 인물 │ 한 작품 속에서 성격이 발전하고 변화하는 인물입니다. 한결같이 착한 것도 아니고, 한결같이 악한 것도 아닌 인물이죠. 다양한 얼굴을 가진 인물입니다. 스티븐슨의 〈지킬 박사와 하이드 씨〉의 지킬은 입체적 인물이라 할 수 있겠지요.

> **예** 〈토지〉 최서희 : 때로는 강인하고 독한 모습을 보이기도 하고, 때로는 사려 깊고 따뜻한 성품을 보이기도 함.
>
> 〈두 파산〉 김옥임 : 한 때 여성해방을 주장하던 지식인 여성이었으나 사회의 변화와 함께 돈놀이에 급급하고 이해타산적인 인물이 됨.

(3) 성격에 따라

▌전형적 인물 │ 사회의 어떤 집단이나 계층을 대표하는 인물로 일정한 유형을 띠고 있습니다. 〈심청전〉의 심청은 그야말로 효녀의 전형이지요. 흔히 "저 사람은 현모양처 타입이야."라고 말할 때 '타입'이 성격의 전형성을 말하는 것입니다.

▌개성적 인물 │ 〈완득이〉에 등장하는 동주 선생님은 우리가 생각하는 전형적인 선생님의 심상은 아닙니다. 참 독특하고 개성적인 선생님이죠. 선생님 같지 않다고 느낄 정도로. 이런 인물들이 개성적 인물인 셈입니다.

(4) 역할에 따라

▌주동 인물 │ 사건의 중심에서 가장 중요한 역할을 하는 인물입니다. 흔히 작품의 주인공이 주동 인물입니다. 조앤 롤링의 〈해리 포터〉에서 주동 인물은 당연히 해리 포터입니다.

▌반동 인물 │ 작품 속에서 주인공과 대립하는 인물이지요. 〈해리 포터〉의 볼드모트 교수야말로 대표적인 반동 인물이겠지요. 〈춘향전〉의 변학도, 〈토지〉의 김두수 같은 인물도 같은 유형의 인물입니다.

② 인물의 묘사와 성격 제시 방법

그렇다면 소설 속에서 인물의 모습은 어떻게 드러날까요?

(1) 인물의 묘사 방법

▌외면 묘사 │ 인물의 행동이나 몸가짐 등 겉으로 드러난 상태를 그려내는 방법이지요. 다음 예를 보세요.

> 눈에서는 닿으면 베어질 듯 파랗게 살기가 쏟쳐 나온다. 아드득 깨물어 뜯은 아 랫입술에서는 검붉은 피가 한 줄기 조르르 흘러내려 턱으로 또렷하게 줄을 긋는다. 풀머리를 했던 쪽이 흐트러져 머리채가 한 가닥 어깨 앞으로 넘어와서 치렁거린다. 그다지 고르고 곱던 바탕이 간 곳 없고, 보기 싫게 사뭇 삐뚤어진 얼굴은 터질 듯 경 련을 일으켜 산 고깃덩이같이 씰룩거린다.
>
> _ 채만식, 〈탁류〉

▌심리 묘사(내면 묘사) │ 어떤 사건이나 작중인물의 행동보다는 그의 내면, 의식 상 태나 심리 등을 묘사하는 것입니다. 다음 작품은 인물의 의식 흐름에 초점을 맞춘 작 품입니다.

> 불안과 절망이 그를 엄습하기 시작하였다. 내가 잡은 이 방향이 정확한 것인가? 나의 지금 이 위치는? 상의할 아무도 없다. 나 하나뿐. 그렇다고 이대로 서 있을 수 도 없다. 그는 한 걸음 한 걸음 눈 속을 헤치며 걸었다. 어디까지 이렇게 걸어야 하 는 것인가? 언제껏 이렇게 걸어야 하는 것인가?
>
> － 오상원, 〈유예〉

(2) 인물의 성격 제시 방법

우리 반 친구에 대해서 누군가에게 이야기해줄 때 "그 애는 참 착해."라고 직접 이야 기해줄 수도 있고, 그 애의 착한 행동이나 말을 전달해 주어 착한 성격을 알게 해주는 방법이 있겠지요. 인물의 성격을 제시하는 방법도 마찬가지입니다.

▌직접적 방법 │ 서술자가 인물의 성격에 대해 직접적으로 설명하는 방식입니다. 말해

주기(telling)라고도 합니다. 서술자가 인물의 성격을 직접 말해주기 때문에 독자들은 그 인물에 대해 좀 더 쉽게 이해할 수 있습니다. 아래 글을 보세요. 이효석의 〈메밀꽃 필 무렵〉의 한 부분입니다. 주인공 허 생원에 대해 서술자가 직접 말해주고 있지요. 현재 어떤 상황에 처했으며 어떻게 살았는지 고개를 끄덕이며 이해할 수 있습니다.

젊은 시절에는 알뜰하게 벌어 돈푼이나 모아본 적도 있기는 있었으나, 읍내에 백중이 열린 해 호탕스럽게 놀고 투전을 하고 하여 사흘 동안에 다 털어버렸다.

나귀까지 팔게 된 판이었으나 애끊는 정분에 그것만은 이를 물고 단념하였다. 결국 도로아미타불로 장돌림을 다시 시작할 수밖에는 없었다. 짐승을 데리고 읍내를 도망해 나왔을 때에는 너를 팔지 않기 다행이었다고 길가에서 울면서 짐승의 등을 어루만졌던 것이었다. 빚을 지기 시작하니 재산을 모을 염은 당초에 틀리고 간신히 입에 풀칠을 하러 장에서 장으로 돌아다니게 되었다.

호탕스럽게 놀았다고는 하여도 계집 하나 후려보지는 못하였다. 계집이란 쌀쌀하고 매정한 것이었다. 평생 인연이 없는 것이라고 신세가 서글퍼졌다. 일신에 가까운 것이라고는 언제나 변함없는 한 필의 당나귀였다.

_ 이효석, 〈메밀꽃 필 무렵〉

▌간접적 방법 │ 인물의 행동이나 대화를 통하여 성격을 나타냅니다. 극적 방법, 보여주기(showing)이라고도 하지요. 아래 글은 김동리의 〈등신불〉에서 소신공양(자기 몸을 태워 부처님께 바침)하는 만적의 행동을 보여주고 있습니다. 그의 행동을 통해 우리는 인간의 고통과 번뇌에서 구원받기 위해 자신을 희생하는 인간의 모습을 볼 수 있습니다. 그러나 그것을 쉽게 알아채지는 못합니다. 그 행동을 보고 생각하는 과정을 통해 짐작하거나 느낄 수 있는 것이지요.

만적은 자기의 목에 걸었던 염주를 벗겨서 사신의 목에 걸어 주고 그 길로 곧장 정원사로 돌아왔다. 그때부터 만적은 화식(火食)을 끊고 말을 잃었다. 이듬해 봄까지 그가 먹은 것은 하루에 깨 한 접시뿐이었다.

그해 이월 초하룻날 그는 법사 스님과 공양주 스님 두 분만을 모시고 취단식을 봉행했다. 먼저 법의를 벗고 알몸이 된 뒤에 가늘고 깨끗한 명주를 발끝에서 어깨까지 전신에 감았다. 그러고는 단 위에 올라가 가부좌를 개고 앉아 두 손을 모아 합장을 올렸다. 그리하여 그가 염불을 외우기 시작하는 것과 동시에 곁에서 들기름 항아리를 받들고 서 있던 공양주 스님이 그의 어깨에서부터 기름을 들어부었다.

(중략)

만적의 머리 위에 화관같이 씌워진 향로에서는 점점 더 많은 연기가 오르기 시작했다. 이미 오랜 동안의 정진으로 말미암아 거의 화석이 되어 가고 있던 만적의 육신이지만, 불기운이 그의 숨골을 뚫었을 때는 저절로 몸이 움칠해졌다. 그리하여 그때부터 눈에 보이지 않게 그의 고개와 등, 가슴이 조금씩 앞으로 숙여져 갔다.

들기름에 절은 만적의 육신이 연기로 화하여 나가는 시간은 길었다. 그러나 그 앞에 선 오백의 대중은 아무도 쉬지 않고 아미타불을 불렀다.

_ 김동리, 〈등신불〉

③ 갈등

(1) 갈등의 개념

▎**갈등** │ 숲에서 칡나무 덩굴을 본 적이 있나요? 구불구불 엉켜서 어느 가지가 어디에서 뻗은 건지 구별할 수가 없습니다. 또 우리에게 그늘을 주는 등나무를 본 적이 있나요? 등나무 역시 곧게 자라는 나무가 아닙니다. 가지와 가지가 얽혀 구불구불, 울퉁불퉁하지요. 갈등은 바로 칡 갈(葛), 등나무 등(藤)에서 비롯된 말입니다. 소설의 인물이 여러 상황 속에서 얽히고설킨 상태를 갈등이라고 하지요.

(2) 갈등의 유형

❶ 내적 갈등

▎**한 개인 내면에서의 갈등** │ 두 갈래 길 앞에서 망설일 때가 있지요? 이리로 갈까, 저리로 갈까? 이 남자 친구와 사귈까 말까? 돈이 1천 원이 있는데 빵을 먹을까 아이스

크림을 먹을까? 나에게 손해가 나는 데도 착한 일을 할까, 아니면 외면할까? 이렇게 숱한 망설임을 주는 상황이 있지요. 이렇게 인물의 내면에서 상반된 상황을 겪을 때 이를 내적 갈등이라고 하지요. 양심과 비양심의 갈등, 사랑과 증오의 갈등, 선과 악의 갈등 등등. 내적 갈등은 무수한 대립 상황 속에서 빚어집니다.

최인훈의 〈광장〉을 보세요. 6.25 전쟁 전후를 배경으로 한 소설입니다. 이 소설의 주인공 이명준은 남과 북 사이에서 갈등하는 지식인입니다. 그는 남과 북 사이에서, 조국과 제3국 선택의 갈림길에서 갈등합니다. 삶의 길목 길목에서 주인공은 선택의 기로에서 갈등하지요. 크게 보면 인물과 사회의 갈등이라 볼 수 있지만 인물의 내적 갈등이 연속적으로 이어지면서 사건이 전개되고 있습니다.

❷ **외적 갈등** : 인간 내면의 갈등이 내적 갈등이라면 외적 갈등은 인간과 인간, 인간과 외부 상황과의 갈등입니다. 그 양상을 좀 더 자세히 살펴보기로 하지요.

▌**인간과 인간 사이의 갈등** ┃ 인물과 인물 사이의 갈등은 소설을 비롯한 서사 문학, 희곡을 비롯한 극문학의 사건 전개에 핵심적인 요소이지요. 윤흥길의 〈장마〉는 6.25 전쟁을 배경으로 친할머니와 외할머니 사이의 갈등을 중심으로 전개되고 있습니다. 물론 두 할머니가 갈등하는 이면에는 남과 북의 이데올로기 차이가 존재하긴 하지만 할머니들의 갈등은 서로 다른 사상을 가진 아들을 두었기 때문에 빚어지는 것이지요.

고전소설 〈장화홍련전〉에서 계모와 장화, 홍련의 갈등도 인물과 인물의 갈등이지요. 〈춘향전〉에서 변학도와 춘향의 대립 역시 인물 간의 갈등입니다.

▌**개인과 사회와의 갈등** ┃ 개인이 살아가면서 겪는 사회 윤리나 제도와의 갈등을 말합니다. 개인과 사회의 갈등을 가장 잘 보여주는 소설은 고전소설 〈홍길동전〉입니다. 물론 이 소설에 개인과 사회의 갈등만 나타나 있지는 않습니다. 길동과 홍판서의 애첩인 초란의 갈등은 인물과 인물의 갈등이지요. 그러나 이 소설 전편을 통해 보면 적서 차별로 인해 길동이 겪는 슬픔과 그로 인한 고초는 개인과 사회의 갈등이라 할 수 있습니다. 사회와 시대의 문제점을 담아낸 소설들에는 다 개인과 사회의 갈등이 담겨 있

습니다.

강경애의 〈인간문제〉를 볼까요. 지주 정덕호의 횡포로 수난을 겪는 선비의 삶은 빈부의 갈등, 계급의 갈등을 보여줍니다. 1930년대 일제 강점기의 농민과 노동자의 고통스런 삶을 보여주고 있다는 점에서 개인과 사회의 갈등이 잘 드러나 있습니다.

▌**인간과 자연 사이의 갈등** │ 소설 속 인물이 자연 환경이나 자연 재해 속에서, 그것을 극복하기 위해 치열한 과정을 겪고 있다면 인간과 자연 사이의 갈등이 잘 드러나겠지요. 헤밍웨이의 〈노인과 바다〉를 보세요. 늙은 어부 산티아고는 별로 수확이 없다가 먼 바다에 나가 거대한 물고기를 잡습니다. 그리고 피 냄새를 맡고 달려드는 상어떼와 사투를 벌입니다. 뼈만 남은 앙상한 물고기를 배에 매달고 항구로 돌아오는 산티아고의 모습은 인간의 존엄성과 위대함을 보여주고 있지요.

▌**인간과 운명 사이의 갈등** │ 비극적 운명 속에서 고통을 겪는 인간의 모습은 그리스 신화 〈오이디푸스〉 이야기에 잘 나타납니다. 자라나서 아버지를 죽이고 어머니와 결혼할 것이라는 예언 때문에 버려진 오이디푸스. 그러나 그 운명의 예언은 너무나 절묘하게 들어맞고 맙니다. 아버지인줄 모르고 시비가 붙어 아버지를 죽이게 되고, 어머니의 배우자가 되고 맙니다. 부모를 몰라본 자신의 눈을 뽑으며 울부짖지만 운명은 이렇게 오이디푸스를 나락에 빠뜨리고 말았지요.

우리 소설에도 인간과 운명의 갈등을 그린 소설이 있습니다. 박경리의 〈김 약국집 딸들〉입니다. 3대에 걸쳐 비극적인 운명의 소용돌이 속에서 살아가는 사람들의 삶이 그려져 있습니다.

4 소설의 배경

자, 이제 소설 속 인물들이 갈등하고, 사건을 일으키며 살아가는 배경에 대해 알아보기로 합시다. 배경이란 인물의 행위나 사건이 일어난 시간과 공간, 사회 및 역사적 환경을 두루 일컫는 말입니다. 소설에서 배경은 인물과 사건을 보다 사실적이고 생동감 있게 그려내고, 작품의 전반적인 분위기를 형성하게 되지요. 작품의 의미나 주제와도 관련이 있습니다. 구체적 배경과 연결되어 사건이 전개될 때 독자는 소설의 세계를 더욱 생생하게 느낄 수 있겠지요. 때로는 인물의 심리와 사건의 전개에 대하여 암시하는 역할을 하기도 합니다.

손창섭의 〈비오는 날〉을 보면 6.25 전쟁 당시의 부산이 배경입니다. 환경적 배경은 장마철이죠. 비가 줄줄 내리는. 이런 배경 속에서 주인공들은 음울하게 살아갑니다. 비오는 날이라는 배경처럼 말입니다. 김승옥의 〈무진기행〉은 안개 낀 무진이라는 도시가 배경입니다. 실제 존재하는 지명은 아니지만 이 안개 낀 도시라는 배경과 혼미한 주인공의 의식 세계는 서로 연결되어 있습니다.

(1) 자연적 배경

▌**시간적 배경** ┃ 시간이나 계절, 역사적인 시대 등을 가리킵니다.

  ㉫ 박경리 〈토지〉 : 1897년부터 1945년, 즉 구한말부터 일제 강점기를 거쳐 해방까지
    김유정 〈봄 봄〉 : 1930년대쯤, 봄

▌**공간적 배경** ┃ 장소나 공간을 가리킵니다. 일상적인 생활공간, 지역, 광범위한 자연 환경일 수도 있습니다.

  ㉫ 김유정 〈봄 봄〉 : 어느 농촌
    박경리 〈토지〉 : 하동 평사리, 만주, 서울 등

(2) 사회적 배경

▌**사회적 배경** ┃ 사건이 일어나는 한 시대나 사회적 분위기를 나타내는 요소를 가리킵니다.

  ㉫ 현진건 〈고향〉 : 일제 강점기 토지조사 사업으로 인해 농촌이 궁핍화되던 사회적 상황

(3) 사상적 배경

작품의 밑바탕에 깔려 있는 사상을 말합니다. 〈심청전〉의 사상적 배경은 '효'를 추구

하는 유교적 사상이지요. 용궁 등의 공간 배경이 나오는 것으로 보아 도교적 사상 배경도 있다고 보아야겠지요. 불교적 사상이 담겨 있다고 보는 사람도 있어요. 인과응보적인 결말 등이 그것이라고 보는 것이지요. 물론 불교가 배경으로 등장하지만 내용은 반불교적이라는 견해도 있습니다.

08 이 이야기를 **어떻게** 들려줄까
소설의 주제와 구성

어제 내가 겪은 재미난 사건을 친구에게 이야기해 준다고 생각해 보세요. 어떤 식으로 이야기를 해줄까요? 일어난 시간 순으로 이야기를 해줄까요? 아니면 나중에 일어난 사건을 이야기하고 앞에 일어난 사건을 되짚어 줄까요? 설명하듯 이야기할까요? 그때 오고간 말을 흉내 내며 이야기할까요? 진지한 어조로 이야기해줄까요? 이처럼 내가 겪은 사건 하나를 이야기하는데도 다양한 방법이 있을 거예요.

　그러고 보니 우리가 어떤 이야기 하나를 누군가에게 전할 때도 어떤 이야기를 어떻게 전달하는가(구성), 어떤 뜻을 담아내는가(주제), 어떤 말·어떤 말투를 쓰는가(문체)와 같은 요소들이 필요하네요. 소설도 마찬가지고요. 이것이 바로 소설을 이루는 3요소입니다. 이제 소설을 이루는 세 가지 요소인 주제, 구성, 문체를 더 자세히 파헤쳐보기로 합시다.

01 주제(theme)	(1) 주제의 개념
	(2) 주제 제시의 방법
02 구성(plot)	(1) 구성의 개념
	(2) 구성의 3요소 – 인물, 사건, 배경
	(3) 소설 구성 유형
	(4) 소설의 구성 단계 – 발단/ 전개/ 위기/ 절정/ 결말(닫힌 결말/ 열린 결말)
	(5) 사건 전개의 다양한 장치들 – 복선/ 암시/ 삽화

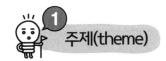

1 주제(theme)

(1) 주제의 개념

"수학을 잘하려면 분수를 알아야 하고, 국어를 잘 하려면 주제를 알아야 해."라는 우스갯말이 있습니다. 흔히 자기 자신을 잘 모르고 어리석은 행동을 하거나 욕심을 내는 사람에게 던지는 말이지요. 그러나 이 말에 중요한 핵심이 담겨 있네요. '국어를 잘 하려면 주제를 알아야 한다'는 말이지요. 우리가 글을 읽고 그 글의 주제를 그냥 지나친다면 그것은 글을 제대로 읽지 못한 것이니까요.

▌**주제** │ 작가가 작품을 통하여 나타내고자 하는 인생관이나 중심 사상을 말합니다. 작가의 인생관에는 그 시대의 가치나 관심이 담겨 있기도 합니다. 고전소설에는 그 시대의 중요한 가치였던 충효, 권선징악 등의 사상이 담겨 있지요. 일제 강점기를 다룬 소설에는 민족의식, 일제 수탈에 대한 저항, 식민지 모순에 대한 비판 등이 주제 속에 녹아 있기도 합니다. 소설의 주제야말로 인물, 사건, 배경이 어우러져 소설을 구성해나가는 밑바탕인 셈이지요.

(2) 주제 제시의 방법

▌**사건 전개를 통한 주제 제시** │ 인물의 행동이나 사건 전개가 그 소설의 주제를 간접적으로 전해줍니다. 김동인의 〈감자〉를 볼까요. 주인공 복녀는 농민의 딸로서 무엇이 옳고 그른지 판단도 하고 부끄러움도 아는 여성이었습니다. 그러나 결혼과 생활고 등을 거치고, 일그러진 세상을 알게 되면서 점차 타락해가지요. 결국은 도둑질까지 하고 질투를 참지 못하고 왕 서방 집에 뛰어 들어갔다가 살해당하는 불행한 결말을 맺습니다. 이런 일련의 행동을 통해 우리는 '환경이 한 여성을 타락하게 하고 불행한 죽음을 겪게 만들었다.'는 생각을 하게 됩니다. 그것이 곧 우리가 이 소설에서 이끌어낼 수 있는 주제입니다.

▌**갈등 구조와 해소를 통한 주제 제시** │ 〈흥부전〉에는 욕심쟁이 형 놀부와 착하고 가난한 흥부의 갈등이 드러납니다. 이 갈등 구조를 보며 우리는 형제 간의 우애를 지

키지 못하는 놀부를 비판하게 되고, 착한 흥부가 복을 받는 것에 공감을 느낍니다. 〈춘향전〉은 어떤가요? 춘향에게 수청을 들라는 탐관오리 변학도와 자기의 사랑을 지키려는 춘향이의 강인한 태도가 팽팽한 긴장을 이루는 것을 보게 됩니다. 이 같은 갈등을 통해 '탐관오리에 대한 비판', '사랑의 승리'라는 생각에 이르게 됩니다.

▌결말부의 표현을 통한 주제 제시 │ 어떤 말로 작품이 마무리되는가 눈여겨보면 주제가 보일 때가 있습니다. 작품의 한 부분을 볼까요?

> "이야기를 다 하면 무얼 하는기오."
> 하고 쓸쓸하게 입을 다문다. 내 또한 너무도 참혹한 사람살이를 듣기에 쓴 물이 났다.
> "자, 우리 술이나 마저 먹읍시다."
> 하고 우리는 서로 주거니 받거니 한 되 병을 다 말리고 말았다. 그는 취흥에 겨워서 우리가 어릴 때 멋모르고 부르던 노래를 읊조렸다.
>
> 『볏섬이나 나는 전토는
> 신작로가 되고요 ―
> 말마디나 하는 친구는
> 감옥소로 가고요 ―
> 담뱃대나 떠는 노인은
> 공동묘지 가고요 ―
> 인물이나 좋은 계집은
> 유곽으로 가고요 ―』
>
> _ 현진건, 〈고향〉

작품 마지막 부분에서 주인공과 서술자인 '나'는 일제 강점기에 널리 불렸던 민요를 부릅니다. 그 노래에는 일제 강점기 우리 민족의 고달픈 삶이 고스란히 담겨 있습니다.

이 소설에서 드러내고자 한 것 역시 '일제 강점기 우리 농민의 참혹한 생활상'입니다.

▌**서술자나 인물의 진술을 통한 주제 제시** │물론 고전소설 〈심청전〉은 사건 전개 자체가 심청의 효성을 드러냅니다. 심청의 행동과 그로 인해 이루어지는 사건 전개가 효성이라는 주제를 잘 그려내고 있습니다. 그러면서도 작품 속에서는 뱃사람들의 말에 주제를 직접 담아내기도 했지요. "낭자 말씀 듣자오니, 거룩하고 장한 효성 비할 데 없삽내다."

▌**상징적 어구, 분위기 등을 통한 주제 제시** │어구나 분위기에 의한 주제 환기의 예로 손창섭의 〈비오는 날〉을 들 수 있겠네요. 이 작품은 음울하고 칙칙한 분위기로 가득합니다. '비에 젖어 있는 인생'이라든가 '음산한 생활 풍경' 등의 어구가 자주 쓰이지요. 이를 통해 '전쟁 후 무기력하고 음울함 속에 빠진 젊은이들의 의식과 삶'이라는 주제의식이 잘 드러나게 되지요.

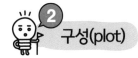

2 구성(plot)

(1) 구성의 개념

▌**구성** │구성이란 이야기 줄거리의 짜임새를 말합니다. 그 짜임은 아무렇게나 하는 것이 아니지요. 그 나름의 기준과 인과 관계를 통하여 이야기를 논리적으로 배열하는 것입니다. 소설을 읽어보면 사건들이 서로 긴밀한 관계를 이루고 있음을 알 수 있습니다. 어떻게 짜임새를 이루느냐에 따라 소설의 재미, 주제, 감동이 달라질 수 있지요.

가 춘향이는 몽룡을 만나 사랑하게 되었고, 그 사랑을 지키기 위해 변학도의 수청을 거절했다. 이로 인해 온갖 수난을 겪다가 암행어사가 된 몽룡을 다시 만나 행복하게 살았다.

나 '나'는 김용택 시인의 시 〈그 여자네 집〉을 통해 어린 시절 고향에서 알게 된 만득 씨와 곱단이에 얽힌 옛일을 회상했다. 만득과 곱단은 아름다운 청춘남녀였으나 일제 강점기 시대의 격동 속에서 헤어지고 분단으로 인해 영영 다시 만날 수 없었다.

그러다가 만득과 그의 부인 순애를 만난다. 순애가 세상을 떠나고 얼마 뒤 만득을 다시 만나 정신대 할머니를 돕는 만득의 참뜻을 이해하게 된다.

(가)는 고전소설인 〈춘향전〉의 줄거리입니다. 시간 순서에 따라 사건이 진행되지요. 만남과 사랑과 이별과 재회, 행복으로 이어지는 구성입니다. (나)는 박완서 〈그 여자 네 집〉의 줄거리입니다. 시간 순서대로 한다면 만득과 곱단의 사랑과 이별, 시를 통한 감회, 만득 부부와의 만남-순애의 죽음, 만득을 다시 만나 만득의 참뜻을 이해하는 식으로 이어지겠지요. 그러나 시를 알게 된 것이 맨 처음 나오고 회상으로 들어가지 요. 그리고 다시 현실로 이어지구요. 이렇게 (가)와 (나) 작품은 다른 구성을 취하고 있 네요.

(2) 구성의 3요소 – 인물, 사건, 배경

인물과 배경에 대해서는 앞 장에서 자세히 이야기를 나누었지요. 사건에 대해서는 뒤에 이어질 소설의 구성 단계를 통해 살펴보기로 해요.

(3) 소설 구성 유형

소설의 구성을 이야기할 때 한 편의 소설이 꼭 하나의 구성 방식을 취하는 것은 아 닙니다. 단일 구성이면서 역순행적 구성일 수 있고, 복합 구성이면서 액자식 구성일 수 있어요. 구성의 유형은 무엇을 기준으로 하느냐에 따라 나눠지는 것이니까요.

❶ 이야기의 수에 따라

┃ 단일 구성 ┃ 하나의 사건에 대한 이야기만으로 전개됩니다. 주로 단편소설에 쓰이지 요. 단일한 이야기이므로 통일된 인상과 긴밀한 짜임새를 보여주지요.

┃ 복합 구성 ┃ 두 개 이상의 사건에 대한 이야기가 복잡하게 얽혀 전개됩니다. 이런 구 성은 장편소설에서 이루어집니다. 장편소설인 염상섭의 〈삼대〉를 보세요. 조의관의 재산과 죽음에 얽힌 이야기, 조상훈과 홍경애의 이야기, 조덕기와 그 주변 사람들의 이야기 등 여러 사건들이 서로 연결된 짜임이지요.

❷ 구성 방식의 다양성에 따라

▎**액자식 구성** ▎이야기 속에 또 하나의 이야기가 포함되어 있는 구성입니다. 사진이나 그림을 넣는 액자를 보면 이 구성 방식을 쉽게 이해할 수 있습니다. 액자의 겉틀이 있고, 그 안에 그림이 있지요. 액자의 핵심은 틀이라기보다는 그림이나 사진이겠지요. 그림과 사진을 조금 더 잘 드러나게 할 수 있는 것이 액자의 틀이구요.

김동인의 〈배따라기〉를 볼까요. 소설 속 '나'는 어느 봄날 대동강에 구경을 나갔다가 영유 배따라기를 잘 부르는 '그'를 만나지요. 그리고 한 많은 곡조에 서린 사연을 듣게 됩니다. 내가 대동강에서 그를 만난 일, 그의 사연, 그리고 다음날 그를 만나러 나갔지만 그를 찾을 수 없었던 마지막 부분으로 소설이 짜여 있습니다. 이야기 속에 이야기가 담긴 액자 구성이지요. 이런 구성을 지닌 소설을 액자소설이라 합니다.

이때 앞뒤 부분이 외부 이야기, 가운데 그의 사연이 내부 이야기입니다.

: **내화** ▎내부 이야기. 액자소설에서 핵심 이야기, 사건

: **외화** ▎외부 이야기. 내부 사건을 이야기하기 위한 도입부의 역할 또는 내부 사건을 자연스럽게 드러나게 하는 역할을 하는 바깥 이야기

▎**피카레스크식 구성** ▎서로 다른 각각의 이야기들이 동일한 주제 아래 통일되어 엮어진 구성 방식입니다. 독립할 수 있는 여러 개의 사건이 인과 관계에 의해 구성된 것이 아니라, 죽 이어져 있는 연작 형식의 구성이지요. 조세희의 〈난장이가 쏘아올린 작은 공〉을 보면 여러 개의 단편소설이 모여 있는 것 같습니다. 그러나 각각의 이야기는 나름 연결되어 있습니다. 각 작품들을 다 읽고 나면 전체적인 흐름이 그려지지요. 한 이야기에 나왔던 인물이 다른 이야기에 나오기도 하구요.

예 양귀자 〈원미동 사람들〉

▎**옴니버스 구성** ▎옴니버스(omnibus)란 원래 합승마차에서 비롯된 말입니다. 동일한 주제 아래 독립된 여러 개의 이야기를 늘어놓는 방식의 구성을 말합니다. 피카레스크 구성은 이야기와 이야기 간에 연결성이 있으나 옴니버스 구성은 연결성이 없지요. 다만 같은 제목 아래, 같은 주제를 갖고 있어 한 작품으로 이어집니다.

극문학인 〈봉산탈춤〉을 예로 들어봅시다. 모두 7과장, 즉 7개의 독립된 이야기가 〈봉산탈춤〉 속에 담겨 있어요. 서로 연결된 이야기는 아니지요. 그러나 '당대 사회의 모순 비판'이라는 동일한 주제 아래 전개되고 있네요.

> **예** 김시습 〈금오신화〉 : 〈금오신화〉에는 다섯 편의 전기적 소설들이 담겨 있어요. 모두 독립된 이야기이지만 기이하고 신비로운 이야기들이라는 공통점을 지녔고, 〈금오신화〉라는 동일한 작품의 한 구성 요소들이지요.

❸ 사건의 진행에 따라

┃ 평면적 구성(순행적 구성) │ 사건이 시간의 흐름에 따라 전개되는 구성. '과거-현재-미래'의 시간 순으로 전개됩니다.

┃ 입체적 구성(역순행적 구성) │ 사건이 시간의 순서에 따라 진행되지 않고 '현재-과거-미래', 또는 '과거-미래-현재' 등으로 이루어집니다.

(4) 소설의 구성 단계

소설의 인물이, 어떤 배경 속에서, 행동을 하여 이야기를 만들어내다 보면 갈등 (conflict)이 생기고 그것이 점점 심화되다가 해결되는 과정이 이어집니다. 소설 작품이 늘 다섯 단계를 거치는 것은 아니지만 일반적으로 발단, 전개, 위기, 절정, 결말의 다섯 단계를 이야기하지요. 채만식의 〈탁류〉라는 작품을 예로 들면서 다섯 단계를 알아가도록 합시다.

┃ 발단 │ 인물과 배경이 소개되고 사건의 실마리가 보입니다. 사건의 방향이 드러나는 부분이지요.

> 정주사는 군산 쌀 투기 시장에서 밑천 없이 투기하는 사람이다. 그에게는 곱게 생기고 착한 초봉이라는 딸이 있다.

무능한 정주사, 그의 딸 초봉이 소개되고 군산이라는 공간적 배경도 드러나지요. 대략 사건의 실마리가 잡히는 듯해요. 무능한 정주사 때문에 초봉이가 고초를 겪을 것 같은 느낌이 드네요.

▌전개 사건이 점차 발전하는 단계입니다. 인물들 사이에 갈등이 드러나지요.

초봉에게 마음을 둔 여러 남자가 있다. 은행 돈을 빼돌려 쌀 투기를 하는 부도덕한 태수, 욕심 많고 포악한 악한 장형보, 약국 주인 박제호, 의사지망생 남승재 등이다. 이러는 동안 정주사에게 혼담이 들어온다.

초봉을 둘러싼 남자들이 많은 데서 벌써 갈등이 보입니다. 탐욕스럽고 부도덕한 인물들은 세상 물정 모르고 살아가는 초봉이와 대립을 이루고 있고요.

▌위기 긴장감과 갈등이 깊어지고, 사건이 얽히면서 절정에 이르는 계기를 마련해 줍니다.

태수와 초봉의 결혼식이 치러지고, 형보는 계략을 꾸며 태수를 죽게 만들고 초봉을 범한다. 태수의 죽음 뒤 초봉은 군산을 떠나 새 삶을 살려 하지만 기차에서 제호를 만나 그와 살림을 차리게 된다.

▌절정 긴장과 갈등이 최고조에 이르고, 성격과 주제가 제시되는 부분입니다. 악한들에게 노리갯감이 되다가 극도의 불행한 삶을 살게 되는 초봉의 모습은 그 절정을 보여주고 있네요.

초봉은 제호와 살며 딸을 낳지만 형보가 찾아와 자기 딸이라 주장하고, 제호도 슬그머니 발을 뺀다. 초봉은 형보와 갈등하며 지옥 같은 삶을 살아간다.

▌결말 갈등이 해소되고, 사건이 해결되는 부분입니다. 여기서 갈등 해소란 문제가

다 좋은 쪽으로 해결되었다는 뜻만은 아닙니다. 비극적 결말이든, 행복한 결말이든 끝맺음이 일어난다는 것이지요.

초봉의 동생 계봉과 그의 연인이 된 남승재가 초봉을 구렁텅이에서 구할 계획을 할 때, 초봉은 딸 송희를 괴롭히는 형보를 보고 분노에 차서 그를 살해하고 감옥에 가게 된다.

그런데 소설의 마지막 부분에서 결말이 확실하게 나는 이야기가 있는가 하면, '이게 끝인가? 더 이야기가 있지 않을까?' 상상하게 만드는 결말도 있습니다. 닫힌 결말, 열린 결말이 그것이지요.

- **: 닫힌 결말** │ 닫힌 결말은 작가가 사건의 최종 결론까지 다 제시해 주는 것으로서 우리 고전소설은 대부분 이에 해당합니다. 전통적인 소설들이 다 그렇지요. '이러저러하여 행복하게 잘 살았다'라고 마무리하니까요.
- **: 열린 결말** │ 작가가 마지막의 결정적인 장면까지 이야기해주고 그 뒷이야기를 생략하는 결말의 방법입니다. 그 때문에 독자들은 남은 이야기를 나름대로 상상하게 되는 것이지요.
  - 📖 박지원 〈허생전〉 : 이완 대장에게 3가지 방책을 제시한 허생은 어디론가 사라지고 맙니다. 독자는 허생이 어디로 갔을지 그 뒤에 어떤 일을 할지 궁금하게 되지요.
    모파상 〈목걸이〉 : 친구의 목걸이를 잃어버려 10년 동안 고생 끝에 빚을 다 갚은 마틸다가 친구 잔느를 만나 "그 목걸이는 가짜였어!"라는 말을 듣는 데서 작품이 끝납니다.

(5) 사건 전개의 다양한 장치들

┃ 복선伏線 │ 사건의 극적인 전환을 위해 때로 어떤 소재, 동기가 되는 행동, 일어난 사건을 미리 제시하는 행동이나 대화 등이 소설 속에 나타납니다. 이렇게 앞으로 전개될 사건을 미리 짐작하게 해주는 작가의 의도적 장치를 복선이라고 합니다.

┃ 암시暗示 ┃ 복선이 앞으로 일어날 사건을 알게 해주는 장치라면, 암시는 복선을 만들어내는 핵심 원리이지요.

'복선은 앞으로 일어날 사건에 대해 독자에게 넌지시 암시하는 서술 장치'라는 말 속에 둘의 차이가 들어있지요. 복선은 소설의 구성 장치, 암시는 넌지시 알게 해주는 표현법이라고 생각하면 되겠습니다.

┃ 삽화 ┃ 흔히 에피소드(일화)라고 하지요. 한 편의 이야기 속에 끼어든 작은 사건을 가리키는 말입니다. 여러 사건이 모여 한 편의 이야기를 이룰 때 작은 이야기들 중 하나를 가리키기도 합니다. 현진건의 〈고향〉에서 '그'가 젊을 때 약혼 말이 오갔던 여인과 만난 이야기가 끼어들어가 있지요. 일제 강점기에 고향을 잃고 몰락해가는 우리 민족의 처지를 그의 이야기를 통해 보여주면서 그런 삽화를 넣어 주제를 더욱 실감하게 해주네요.

09 내용을 **드러내는** 다양한 방법
| 소설의 문체와 어조

국어샘
길잡이

"와, 저 사람은 스타일이 근사해."

"멋진 헤어스타일이네."

"저 사람은 내 스타일이야."

우리는 종종 '스타일'이란 말을 씁니다. 스타일을 사전에서 찾아보면 '사물의 존재 양태나 사람의 행동에 드러나는 독특하고 일정한 방식'이라고 풀이되어 있습니다. 소설에도 스타일이 존재합니다. 소설의 내용적 측면보다는 그 내용을 드러내기 위해 사용한 글쓰기 방식을 뜻한다고 볼 수 있습니다.

> 산을 내려오는데, 떡갈나무 잎에서 빗방울 듣는 소리가 난다. 굵은 빗방울이었다. 목덜미가 선뜻 선뜻했다. 그러자, 대번에 눈앞을 가로막는 빗줄기.
>
> 비안개 속에 원두막이 보였다. 그리로 가 비를 그을 수밖에.
>
> 그러나, 원두막은 기둥이 기울고 지붕도 갈래갈래 찢어져 있었다. 그런대로 비가 덜 새는 곳을 가려 소녀를 들어서게 했다.
>
> 소녀의 입술이 파아랗게 질렸다. 어깨를 자꾸 떨었다.

위 글은 황순원의 〈소나기〉 한 부분입니다. 글쓰기 방식에서 어떤 특성이 드러나나요? 우선 문장이 짧죠. 행을 바꿔 놓으면 시라고 느낄 만큼 짤막짤막하고 여운이 있습니다. 어려운 어휘도 없습니다. 빗소리, 목에 선뜻한 빗방울, 파랗게 질린 입술, 떠는 어깨……. 상당히 감각적인 어휘들이지요?

아하, 작가는 간결하고 평이하며 시적인 문체를 통해 소년 소녀의 아름다운 사랑 이야기를 동화처럼 그렸네요. 그러다 보니 서정적인 어조를 취하게 되었구요.

108

자, 이 장에서는 소설의 문체와 어조를 공부하기로 하지요. 둘 다 작가가 소설에서 말하고자 하는 바를 효과적으로 구현하기 위해 선택한 방식이라고 할 수 있습니다. 그것은 의도적인 것일 수도 있고, 작가 자신이 의식하지 못하는 사이에 선택한 것일 수도 있습니다.

01 문체의 개념	– 문체
02 문체를 이루는 요소	**(1) 서술** – 서술/ 의식의 흐름 기법/ 내적 독백
	(2) 묘사
	(3) 대화 – 대화/ 대화의 요건
03 문체의 갈래	**(1) 문장의 특성에 따라** ❶ 글의 길이에 따라 : 간결체/ 만연체 ❷ 글의 느낌에 따라 : 강건체/ 우유체 ❸ 수식의 유무에 따라 : 화려체/ 건조체
	(2) 말투나 사용 어휘에 따라 – 구어체/ 문어체/ 국한문혼용체/ 역어체
04 소설의 어조	**(1) 어조의 개념** – 소설의 어조
	(2) 어조의 종류 – 해학적 어조(해학/ 희화화)/ 반어적 어조/ 냉소적 어조 / 풍자적 어조

1 문체의 개념

"글은 곧 사람이다."라는 말이 있습니다. 프랑스의 비평가인 뷔퐁의 말이라고 합니다. 독일 소설가 루이제 린저도 "그 사람과 그 사람이 쓴 글은 똑같다."는 말을 했지요. 유교에도 '문여기인(文如其人)', '화여기인(畵如其人)'이란 말이 있습니다. 글은 곧 그 사람과 같다, 그림은 곧 그 사람과 같다는 뜻이지요. 글이 그 사람이 지닌 특성을 그대로 드러낸다는 생각은 동서양을 막론하고 일반적인 것 같습니다. 여기서의 글은 넓게 보면 글의 내용도 포함한다고 볼 수 있지만 좁게는 글의 스타일, 즉 문체라고 할 수 있습니다.

▎**문체**▎ 전달하려는 내용을 효과 있게 나타내는 데 작용하는 언어의 여러 요소들을 두루 가리키는 말입니다. 글쓴이의 개성이 잘 드러나는 글의 특성입니다. 어떤 어조를 사용하는가, 어떤 문장을 사용하는가, 어떤 어휘를 사용하는가, 어떤 전개 방식을 사용하는가 등 여러 기준에 따라 소설의 문체는 다양하게 나눠질 수 있습니다. 문체는 글의 길이나 느낌, 문장의 형태나 분위기, 사용하는 어휘 등에 따라 여러 가지로 나누어 살펴볼 수 있습니다.

2 문체를 이루는 요소

소설 한 편을 곰곰이 살펴보세요. 소설에 쓰인 문장은 화자가 하는 듯한 말과 등장인물이 하는 말로 이루어집니다. 화자가 하는 말도 사건이나 행동을 설명하는 말이 있고, 어떤 대상을 그려내듯 표현하는 말도 있습니다.

(1) 서술
▎**서술**▎ 서술은 인물, 배경, 사건의 전개를 직접적으로 설명하는 방법입니다. 서술을 통해 작가는 사건을 진행시키고, 독자에게 정보를 전해줍니다. 다음은 서술의 예로써 김동리의 〈등신불〉 첫 부분입니다.

등신불은 양자강 북쪽에 있는 정원사의 금불각 속에 안치되어 있는 불상의 이름이다. 등신금불 또는 그냥 금불이라고도 불렀다.

그러니까 나는 이 등신불, 등신금불로 불리워지는 불상에 대해 보고 듣고 한 그대로를 여기다 적으려 하거니와, 그보다 먼저, 내가 어떻게 해서 그 정원사라는 먼 이역의 고찰을 찾게 되었었는지 그것부터 이야기 해야겠다.

위와 같이 평이하게 정보를 전달하고 설명하는 서술 방식이 있지만, 회상을 통한 서술도 있고, 혼잣말하듯 하는 서술도 있고, 생각나는 대로 막 써나가는 듯한 서술도 있습니다. 아래는 오상원의 〈유예〉의 한 부분입니다.

무릎까지 파묻히는 눈 속을 헤치며 남쪽으로 남쪽으로 걸었다. 몇 번이고 의식을 잃고 그대로 쓰러졌다. 때로는 눈보라와 종일 싸워야 했고 알 길 없는 방향을 더듬으며 헤매어야 했다. 발이 얼어 감각이 없다. 불안, 절망이 그를 엄습하기 시작하였다. 내가 잡은 이 방향이 정확한 것인가? 나의 지금 이 위치는? 상의할 아무도 없다. 나 하나뿐. 그렇다고 이대로 서 있을 수도 없다. 그는 한 걸음 한 걸음 눈 속을 헤치며 걸었다. 어디까지 이렇게 걸어야 하는 것인가? 언제껏 이렇게 걸어야 하는 것인가? 밤이면 눈 속에 묻혀서 잤다. 해가 뜨면 또 걸어야 한다.

전쟁이라는 극한 상황 속에서, 총살을 눈앞에 둔 주인공의 내면 갈등을 의식의 흐름 수법으로 그려내고 있습니다.

▌**의식의 흐름 기법** │ 느낌이나 생각, 기억, 연상 등이 계속적으로 이어지며 일어나는 것을 가리키는 말. 생각이 떠오르는 대로 기술하는 듯한 서술 방법으로 '자동기술'이라고도 합니다.

▌**내적 독백** │ 의식의 흐름과 내적 독백은 일면 겹치는 부분이 있지만 다른 면이 있습니다. 의식의 흐름은 논리적인 인과 관계나 연결 없이 생각이 떠오르는 대로 써나가는 것이지만, 내적 독백은 논리적인 서술을 포함하여 내면의 혼잣말처럼 써나가는 서술

방식을 말합니다.

(2) 묘사

┃ 묘사 ┃ 어떤 대상의 외양이나 심리, 현상 등을 생생하게 그려내어 우리 감각에 와 닿도록 표현하는 방식입니다. 시간이 정지된 상태에서 대상의 이모저모를 그려내는 것이지요.

인물의 외양 묘사, 심리 묘사, 행동 묘사, 배경 묘사 등 다양한 묘사가 있습니다. 아래 예문에서 (가)는 주인공 곱단이의 외양 묘사를 하고 있습니다. 종이 위에 하얀 곱단이의 얼굴과 맑은 눈, 속눈썹을 그리는 것 같네요. 우리 눈에 보이는 듯 감각적으로 그려내고 있습니다. (나)는 배경 묘사입니다. 달이 떠있고, 메밀꽃이 피어있는 시골 밤길을 눈에 보이듯, 그 고요함이 느껴지듯 묘사하고 있습니다. (다)는 심리 묘사에 해당한다고 할 수 있지요. 화자가 자기 내면의 생각을 차근차근 전해주고 있습니다.

가 곱단이는 시골 아이답지 않게 살갗이 희고, 맑은 눈에 속눈썹이 길었다. 나는 그녀의 속눈썹이 얼마나 길었는지 표현할 말을 몰랐었는데 김용택의 시 중에서 마침내 가장 알맞은 말을 찾아냈다. 함박눈이 내려앉아서 쉴 만큼 길었다. 함박눈은 녹아 이슬방울이 되고 촉촉이 젖은 눈썹이 그녀의 검은 눈동자에 그늘을 드리우면, 목석의 애간장이라도 녹일 듯 애틋한 표정이 되곤 했다.

_ 박완서, 〈그 여자네 집〉

나 길은 지금 긴 산허리에 걸려 있다. 밤중을 지난 무렵인지 죽은 듯이 고요한 속에서 짐승같은 달의 숨소리가 손에 잡힐 듯이 들리며, 콩포기와 옥수수 잎새가 한층 달에 푸르게 젖었다. 산허리는 온통 메밀밭이어서 피기 시작한 꽃이 소금을 뿌린 듯이 흐뭇한 달빛에 숨이 막힐 지경이다.

_ 이효석, 〈메밀꽃 필 무렵〉

다 우리들은 서로 오해하고 있느니라. 설마 아내가 아스피린 대신에 아달린의 정량을 나에게 먹여 왔을까? 나는 그것을 믿을 수가 없다. 아내가 대체 그럴 까닭이 없을 것이니 그러면 나는 날밤을 새면서 도적질을 계집질을 하였나? 정말이지 아니다.

우리 부부는 숙명적으로 발이 맞지 않는 절름발이인 것이다. 내나 아내나 제 거동에 로직을 붙일 필요는 없다. 변해할 필요도 없다. 사실은 사실대로 오해는 오해대로 그저 끝없이 발을 절뚝거리면서 세상을 걸어가면 되는 것이다. 그렇지 않을까?

_ 이상, 〈날개〉

(3) 대화

▌**대화** │ 등장인물의 말을 뜻합니다. 주고받는 말이거나, 혼잣말, 속으로 하는 말 등이 다 포함됩니다. 소설에서 대화는 사건을 전개시키고, 등장인물의 성격과 심리를 드러냅니다. 다음의 예는 대화 중심의 전개가 되겠군요.

정씨 옆에 앉았던 노인이 두 사람의 행색과 무릎 위의 배낭을 눈 여겨 살피더니 말을 걸어 왔다.

"어디 일들 가슈?"

"아뇨, 고향에 갑니다."

"고향이 어딘데……."

"삼포라구 아십니까?"

"어 알지, 우리 아들놈이 거기서 도자를 끄는데……."

"삼포에서요? 거 어디 공사 벌릴 데나 됩니까. 고작해야 고기잡이나 하구 감자나 매는데요."

"어허! 몇 년 만에 가는 거요?"

"십 년."

_ 황석영, 〈삼포 가는 길〉

황석영의 〈삼포 가는 길〉 한 부분입니다. 1970년대 산업화 속에서 소외된 떠돌이 삶의 애환을 담고 있는 작품이지요. 위의 예는 소설의 끝 부분입니다. 등장인물의 대화를 통해 오랜만에 가는 고향이 산업화의 물결 속에서 옛 모습을 잃어버렸다는 것을 알 수 있습니다.

▎대화의 요건 ▎ 소설에서 대화는 줄거리 전개와 유기적으로 연결되어 있어야 합니다. 줄거리 흐름과 동떨어진 대화여서는 안 되겠죠. 일상적인 언어처럼 표현되지만 자연스럽고 상황에 맞아야 할 것입니다. 우리가 흔히 일상생활에서 쓰는 군더더기 말이나 불필요한 말이 소설에 자꾸 사용된다면 주제를 향해 잘 짜여져야 하는 소설에 어울리지 않는 대화가 될 것입니다. 등장인물의 성격과 일관된 내용이어야 하구요.

③ 문체의 갈래

소설의 문체는 문장의 특성에 따라 몇 가지로 나눌 수 있습니다. 이 갈래는 소설만이 아니라 수필, 설명문, 연설문 등의 산문에도 적용될 수 있지요.

일정한 이름을 갖진 않았지만 문장의 특성이 드러날 때도 있습니다. 그럴 때는 그 특징을 그대로 말해주면 소설의 문체를 설명하는 말이 되겠지요. 비속어를 많이 썼다든가, 사투리를 썼다든가, 학문적 용어를 썼다든가, 편지체로 썼다든가 등 여러 가지가 있을 것입니다.

(1) 문장의 특성에 따라
문장의 길이나 글의 느낌, 수식의 정도에 따라 문체를 구분할 수 있습니다.

❶ 글의 길이에 따라
▎간결체(簡潔體) ▎ 문장이 짧고 문장의 구조도 단순한 문체를 말합니다. 적은 어휘를 사용하고 조사나 어미를 생략하는 등 압축적인 문장을 씁니다. 문장이 짧고 함축적이어서 선명한 인상을 주는 문체입니다.

그는 억지로처럼 조금 미소하였다.

그리고 빙글 몸을 돌려 산비탈을 달려 내려갔다.

바람이 마주 불었다.

나는 젊은 느티나무를 안고 웃고 있었다. 펑펑 울면서 온 하늘로 퍼져 가는 웃음을 웃고 있었다. 아아, 나는 그를 더 사랑하여도 되는 것이었다.

_ 강신재, 〈젊은 느티나무〉

▌**만연체**蔓衍體 ▌ 문장이 길고 설명적인 문체입니다. 표현하려는 내용에 비해 많은 어휘를 사용하고 문장이 반복되거나 늘어지기 쉽습니다. 세밀한 부분까지 자세히 전달해줄 수 있으나 지루한 느낌을 줄 수도 있지요.

구보의 마음은 또 한 번 동요하며, 창 너머로 여자가 청량리 행 전차를 기다리느라, 그 곳 안전지대로 가 서는 것을 보았을 때, 그는 자기도 차에서 곧 내리고 싶은 충동을 느꼈다. 그러나, 여자가 청량리 행 전차 속에서 자기를 또 한 번 발견하고, 그리고 자기가 일도 없건만, 오직 여자와의 사이에 어떠한 기회를 엿보기 위하여 그 차를 탄 것에 틀림없다는 것을 눈치 챌 때, 여자는 그러한 자기를 얼마나 천박하게 생각할까. 그래 구보가 망설거리는 동안, 전차는 달리고 그들의 사이는 멀어졌다.

_ 박태원, 〈소설가 구보 씨의 1일〉

❷ 글의 느낌에 따라

▌**강건체**剛健體 ▌ 굳세고 힘찬 느낌을 주는 문체이지요. 기백이 넘치고 강한 느낌을 줍니다. 연설조의 논설문에 많이 사용되는 문체이지요. 소설 전체의 분위기가 강건체인 경우는 거의 없는 듯해요.

▌**우유체**優柔體 ▌ 부드럽고 온화한 문체입니다. 섬세하고 친밀한 느낌을 주지요.

나는 그 아저씨가 어떠한 사람인지는 몰랐으나, 첫날부터 내게는 퍽 고맙게 굴고,

나도 그 아저씨가 꼭 마음에 들었어요. 어른들이 저희끼리 말하는 것을 들으니까, 그 아저씨는 돌아가신 우리 아버지와 어렸을 적 친구라고요. 어디 먼 데 가서 공부를 하다가 요새 돌아왔는데, 우리 동리 학교 교사로 오게 되었대요.

_ 주요섭, 〈사랑손님과 어머니〉

어린아이의 눈을 통해 누군가에 말하듯 서술해 나가므로 부드러운 느낌을 주는 문체입니다.

❸ 수식의 유무에 따라

▎**화려체**華麗體 ▎글을 아름답게 표현하기 위해 여러 가지 수사법을 많이 동원한 문체입니다. 아름답고 정감 있게 느껴지기도 하지만 너무 꾸미는데 치중한 느낌을 줄 수도 있습니다.

▎**건조체**乾燥體 ▎화려한 수식 없이 담담하게 표현한 문체입니다. 무미건조하고 딱딱하게 느껴질 수 있습니다.

(2) 말투나 사용 어휘에 따라

▎**구어체** ▎일상생활에서 말을 하듯 자연스런 문체를 말해요.

▎**문어체** ▎현대의 일상생활에서 사용되는 말투와 달리 옛 말투가 사용되는 문체를 말해요.

▎**국한문혼용체** ▎한글과 한문을 섞어 쓴 문체를 말해요.

▎**역어체** ▎번역투의 문체를 말해요.

4 소설의 어조

(1) 어조의 개념

시를 공부할 때도 어조란 말을 배웠습니다. 시에 쓰인 말투가 시의 어조였지요. 소설에도 화자의 어조가 있습니다. 그 어조는 작가의 태도와도 통합니다. 인물이나 다루고 있는 사건 혹은 세상에 대한 작가의 태도가 어조로 나타나는 것이지요. 작가는 한 인물에 대하여 냉소적일 수도 있고, 동정적일 수도 있습니다. 다루는 사건을 해학 적으로 표현할 수도 있고 풍자할 수도 있지요. 속의 생각과는 다른 표현을 사용할 수도 있어요. 그럴 때는 반어적이라고 하지요. 말하고자 하는 바를 함축하여 상징적으로 드러낼 수도 있습니다.

┃ 소설의 어조語調 ┃ 소설에 나타난 서술자의 정서적인 태도로서 작품의 분위기를 형성합니다. 어떤 어조를 취하느냐를 밝혀 보면 작품의 주제 의식을 이해할 수 있지요.

(2) 어조의 종류

반어적, 풍자적, 객관적, 냉소적, 낙천적, 해학적, 비극적, 피학적, 가학적, 동정적…… 세상을 향한 우리의 태도는 무수히 많습니다. 소설의 어조 역시 무수히 많아요. 소설가들의 어조를 예로 들어본다면 채만식은 풍자적 어조를 즐겨 쓰며, 김유정은 해학적인 어조를 많이 쓴다는 이야기를 하지요. 몇 가지 소설의 어조와 예시 작품들을 알아보기로 해요.

┃ 해학적 어조 ┃ 익살과 해학이 중심을 이루는 어조입니다. 소설을 읽다 보면 우스꽝스런 말투, 사투리의 사용, 희화화 등으로 웃음을 이끌어내는 경우가 있습니다.
: **해학**諧謔 ┃ 어떤 대상이나 상황을 우스꽝스럽게 드러내는 방법
: **희화화**戲畵化 ┃ 인물이나 사건을 의도적으로 우스꽝스럽게 묘사하여 대상을 풍자하는 방법

희화화가 부분적인 기법이라면 해학은 희화화를 포함한 여러 표현 방식을 통해 빚어지는 우스꽝스런 양상이나 분위기라 할 수 있습니다.

장인님은 이 말을 듣고 껄껄 웃더니(그러나 암만해두 돌 씹은 상이다) 코를 푸는 척하고 날 은근히 곯리려고 팔꿈치로 옆 갈비께를 퍽 치는 것이다.

더럽다. 나두 종아리의 파리를 쫓는 척하고 허리를 구부리며 어깨로 그 궁둥이를 콱 떼밀었다. 장인님은 앞으로 우찔근하고 싸리문께로 쓰러질 듯하다 몸을 바로 고치더니 눈총을 몹시 쏘았다. 이런 쌍년의 자식, 하곤 싶으나 남의 앞이라서 차마 못 하고 섰는 그 꼴이 보기에 퍽 쟁그러웠다.

_ 김유정, 〈봄 봄〉

▌반어적 어조 │ 반어(反語)란 뜻을 강조하기 위해 말을 반대로 표현하는 것을 뜻합니다. 반어적 어조는 서술하는 내용의 안팎이 다르게 만드는 어조입니다. 이를 통해 대상이나 상황을 비판하거나 나타내고자 하는 주제를 더욱 강조할 수 있습니다.

그러자 산 사람의 눈에서 떨어진 닭의 똥 같은 눈물이 죽은 이의 뻣뻣한 얼굴을 어룽어룽 적시었다. 문득 김 첨지는 미칠 듯이 제 얼굴을 죽은 이의 얼굴에 한데 비비대며 중얼거렸다.

"설렁탕을 사다 놓았는데 왜 먹지를 못하니, 왜 먹지를 못하니……. 괴상하게도 오늘은 운수가 좋더니만……."

_ 현진건, 〈운수 좋은 날〉

소설은 제목부터 '운수 좋은 날'입니다. 첫 부분부터 '운수 좋은 날'이라는 표현이 있습니다. 그리고 마지막에도 운수가 좋다고 표현하지요. 그러나 작품 전체적으로 일제 강점기 하층민의 비참한 현실이 그려지고 있습니다. 가장 불행하고 고통스러운 삶을 반어적 제목과 표현 등으로 드러냈지요.

▌냉소적 어조 │ 냉소(冷笑)란 '차갑게 웃는다'는 뜻입니다. 쌀쌀한 태도로 업신여겨 비웃는 웃음이지요. 대상에 대해 쌀쌀하게 비웃는 어조가 냉소적 어조입니다.

대학에서 영문과를 전공한 것이 아주 헛일은 아니었다고 하며 동욱은 닝글닝글 웃었다. 동욱의 그 닝글닝글한 웃음을 원구는 이전부터 몹시 꺼렸다. 상대방을 조롱하는 것 같은, 그러면서도 자조적(自嘲的)이요, 어쩐지 친애감조차 느껴지는 그 닝글닝글한 웃음은, 원구에게 어떤 운명적인 중압을 암시하여 감당할 수 없이 마음이 무거워지는 것이었다.

_ 손창섭, 〈비오는 날〉

〈비오는 날〉은 6·25 전쟁 당시 부산을 배경으로 세 젊은이의 어두운 삶을 그려낸 소설입니다. 서술자는 원구의 시선을 통해 등장인물을 바라보고 사건을 서술해 갑니다. 등장인물들이 세상을 바라보는 시선은 희망이나 의지와는 거리가 멉니다. 서로에 대해서도 뭔가 뒤틀리고 비웃는 모습을 보이고 있지요. 전체적으로 냉소적 어조라고 볼 수 있습니다.

▌풍자적 어조 │ 부정적 인물이나 상황에 대해 우회적으로 비판하고 공격하는 어조입니다. 채만식 소설의 특징으로 자주 언급되곤 합니다. 아래 예는 채만식의 〈논 이야기〉입니다. 일제 강점기에 교묘하게 땅을 빼앗겨야 했던 한 생원은 해방이 되자 그것을 되찾을 수 있으리라는 기대를 하게 됩니다. 그러나 명목상 팔아버린 땅이기에 쉽지 않은 일이었지요. 주인공은 차라리 나라 없는 백성이 낫다고 말하지요. '나라'에 대한 냉소와 풍자일 뿐 아니라 개인의 이익이 없다면 나라도 없다는 한 생원의 의식에 대한 풍자이기도 하지요.

"일 없네. 난 오늘버틈 도루 나라 없는 백성이네. 제ー길 삼십육 년두 나라 없이 살아 왔을려드냐. 아ー니 글쎄 나라가 있으면 백성한테 무얼 좀 고마운 노릇을 해 주어야 백성두 나라를 믿구 나라에다 마음을 붙이구 살지. 독립이 됐다면서 고작 그래 백성이 차지한 땅 뺏어서 팔아먹는 게 나라 명색야?"

그러고는 털고 일어서면서 혼잣말로,

"독립 됐다구 했을 제, 내, 만세 안 부르기 잘했지."

_ 채만식, 〈논 이야기〉

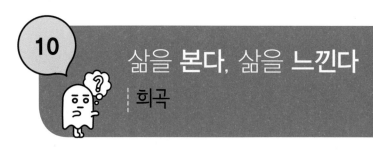

삶을 **본다**, 삶을 **느낀다**

희곡

국어샘 길잡이

희곡은 극문학의 중심 갈래이며 연극과 뗄 수 없는 관계지요. 희곡은 연극 상연이 전제가 되며 연극의 대본이 희곡입니다. 연극을 영어로는 'play'라고 하지요. '놀다, 연주하다'는 뜻입니다. 연극의 대본인 희곡(戱曲)에도 '놀 희(戱)'자가 있네요. 어, 그리고 보니 노는 것과 희곡은 무슨 관련성이 있는가 봅니다.

오래 전 옛날 사람들은 하늘에 제사를 지내면서 춤추고 노래하고 놀았습니다. 우리나라 부여의 '영고'나 고구려의 동맹(東盟), 예(濊)의 무천(舞天) 같은 것이 하늘에 제사 지내는 제천의식입니다. 서양에도 이런 의식이 있었지요. 술의 신을 경배하는 디오니소스 제전에서 춤추고 노래하며 연극 비슷한 행사를 했었다고 합니다.

┃ 제천의식 ┃ 씨를 뿌리거나 추수를 할 때 하늘에 제사 지내는 의식

춤추고 노래 부르며 사람들은 곡식을 심는 동작이나 사냥의 동작을 했을 것입니다. 술을 빚는 행동을 했을지도 모릅니다. 이와 관련된 노래도 했을 것이구요. 일종의 뮤지컬 같은 것이겠지요. 그리고 이것이 발전하여 극시의 형태를 띠었고 희곡을 중심으로 한 극문학으로 자리 잡았을 것입니다. 이렇게 탄생한 극문학인 희곡은 어떤 문학이며 어떤 특성을 지닐까요? 이 장에서는 희곡의 이모저모를 알아보기로 해요.

01 희곡의 정의	– 희곡/ 희곡의 특성
02 희곡의 구성 요소	**(1) 희곡의 형식적 요소 – 대사, 해설, 지시문** – 대사(대화/ 독백/ 방백)/ 해설/ 지시문 **(2) 희곡의 내용적 요소 – 인물, 사건, 배경** – 희곡의 인물/ 희곡의 배경/ 희곡의 사건
03 희곡의 장과 막	– 장(場, scene)/ 막(幕, act)
04 희곡의 구성 단계	– 발단/ 전개/ 절정/ 하강/ 대단원
05 시대에 따른 희곡의 모습	– 고전주의(삼일치)/ 낭만주의/ 사실주의/ 자연주의/ 표현주의 / 부조리극
06 희곡의 유사 갈래	**(1) 시나리오** ❶ 개념 ❷ 시나리오 구성의 3요소 : 대사/ 지문/ 장면 표시 ❸ 시나리오의 갈래 : 창작 시나리오/ 각색 시나리오/ 레제 시나리오 ❹ 시나리오의 특수 용어 **(2) 뮤지컬**

1 희곡의 정의

┃희곡┃ 관객에게 연극으로 보여주기 위해 꾸며낸 이야기. 즉 연극의 대본입니다.

┃희곡의 특성┃ 다음의 어구들을 기억해 두세요.

'무대 상연 / 행동의 문학 / 대사의 문학 / 갈등의 문학 / 현재화된 인생 표현'

희곡의 모든 특성은 연극을 위한 대본이라는 데서 나옵니다. 여러분이 보았던 연극을 생각해 보세요. 연극은 대사와 행동으로 전개됩니다. 눈앞에서 펼쳐지는 사건이기에 현재형으로 진행됩니다. 연극을 보다 보면 등장인물의 내면세계를 짐작할 길이 없습니다. 혼잣말이든 속생각이든 말로 표현되어야만 하지요.

연극의 대본이기에 제약도 따릅니다. 1박 2일 무한정 연극을 공연할 수 없고 한 장소에서 해야 하니 시간, 공간의 제약이 있을 수밖에 없네요. 희곡의 사건 전개는 인물의 성격이 빚어내는 대립과 갈등에서 비롯됩니다.

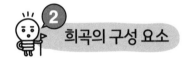

2 희곡의 구성 요소

(1) 희곡의 형식적 요소 – 대사, 해설, 지시문

┃대사┃ 희곡에서 등장인물이 하는 말을 가리킵니다.

: 대화┃ 무대에서 배우가 상대역과 서로 주고받는 말

: 독백┃ 무대에서 배우가 상대역 없이 혼자서 하는 말

: 방백┃ 관객에게는 들리나 상대역에게는 들리지 않는 것으로 약속하고 하는 말

줄리엣 : 아, 로미오 님, 로미오 님! 어찌하여 당신은 로미오 님이신가요? 아버지를 잊으세요. 그 이름을 버리세요. 그것이 싫으시거든 절 사랑한다고 맹세만이라도 해 주세요. 그럼 제가 캐퓰렛 성을 버리겠어요. — ①

로미오 : (방백) 좀 더 들어볼까, 말을 걸어볼까? — ②

(중략)

로미오 : (줄리엣에게) 그대 말대로 그대를 갖겠소. 날 연인이라고 불러줘요. 그게

나의 새로운 세례명이오. 이제부터 난 절대로 로미오가 아니오. ― ③

줄리엣 : 당신은 누구세요, 밤의 어둠 속에서 몸을 숨기고 남의 비밀을 엿들으시니.
― ③

_ 셰익스피어, 〈로미오와 줄리엣〉

　가면무도회에서 줄리엣을 만나 사랑에 빠진 로미오는 줄리엣 집에 숨어들어 줄리엣의 방 발코니 아래에 서 있습니다. ① 부분은 그때 줄리엣이 혼잣말을 하는 것이지요. 독백입니다. ②는 관객은 들으나 줄리엣은 듣지 못하는 말, 방백입니다. 로미오의 마음속 생각이지만 이렇게 말하지 않으면 관객이 알 수가 없지요. ③은 두 사람이 주고받는 말입니다.

▎**해설** │ 공간의 배경, 등장인물, 무대 장치 등을 설명하는 글입니다. 지시문에 포함시키기도 하고 앞에 있다고 하여 '전치 지문'이라고도 합니다.

나오는 사람들
　　최 노인(60세, 혼구 대여점 주인)　　아들 경재(18세, 고등학교 3학년)
　　어머니(57세)　　　　　　　　　　딸 경애 (23세, 영화배우를 꿈꾸는 처녀)
　　아들 경수(26세, 제대 군인)　　　딸 경운(20세, 출판사 식자공)

때 ― 현대
곳 ― 서울

무대
　번화한 상가에 자리잡은 최 노인의 낡은 기와집. 정면에 유리문이 달리고 마루를 사이에 두고 방이 둘 있고, 좌편으로 기억형으로 굽어서 부엌과 장독대, 유리문 저쪽은 가게 우편으로 대문을 끼고, 헛간과 방 하나의 딴 채가 서너 평이 못 넘는 좁은 뜰을 에워싸고 웅크리고 앉았다.

_ 차범석, 〈불모지〉

∣ 지시문 ∣ 등장인물의 행동이나, 말투, 조명, 음향효과나 무대 장치 등을 지시하고 설명하는 글입니다. 아래의 줄친 부분이 지시문의 예입니다.

<u>파수꾼 나 퇴장. 촌장은 편지를 꺼내 다에게 보인다.</u>

촌장 : 이것, 네가 보낸 거니?

다 : 네, 촌장님.

(중략)

다 : 뭘 망설이시죠?

촌장 : 아냐, 아무것두…… 난 아직 안심이 안 돼서 그래. <u>(온화한 얼굴에서 혀가 낼름 나왔다가 들어간다.)</u> 지금 사람들은 도끼까지 들구 온다잖니?

_ 이강백, 〈파수꾼〉

(2) 희곡의 내용적 요소 – 인물, 사건, 배경

소설을 구성하는 3요소는 인물, 사건, 배경이었죠. 희곡의 내용을 구성하는 3가지 요소도 똑같습니다. 소설과 문체 구성 요소는 다르지만, 희곡 역시 이야기이며 어떤 배경과 상황 속에서 인물과 인물이 갈등하고, 그로 인해 사건이 전개되어 나가는 것이지요.

∣ 희곡의 인물 ∣ 희곡의 인물은 물론 다양한 성격을 지니지만 전형적인 인물이 주로 등장합니다. 전형적 인물이란 일반적 특성을 가진 인물을 말합니다. 모범생 타입, 교사 타입, 효녀 타입 등 어떤 특정한 유형의 인물이지요. 무대 상연이라는 특성을 지닌 장르이므로 복합적이고 개성적인 인물을 드러내기가 쉽지 않기 때문입니다.

∣ 희곡의 배경 ∣ 희곡의 배경은 어느 시대, 어느 시간, 어느 곳이든 상관이 없지만 자주 바뀌기는 힘듭니다. 요즘에야 다양한 연출 기법과 무대 장치로 시공간을 초월할 수도 있겠지만 이야기 흐름상 시간과 공간이 자주 바뀔 수는 없습니다.

∣ 희곡의 사건 ∣ 희곡의 사건은 대사와 행동을 통해 전개됩니다. 무대 위에서 펼쳐지는 희곡은 사건의 전개 과정이 긴밀하게 구성되며, 갈등 관계가 소설보다 뚜렷하게 드러납니다.

3 희곡의 장과 막

▎**장(場, scene)** │ 극 중의 한 장면 또는 배경이 바뀌면서 등장인물의 입장과 퇴장으로 구분되는 단위입니다. 장이 없이 막으로만 구분될 수도 있습니다.

▎**막(幕, act)** │ 무대 위에 장치된 막이 오르고 닫힐 때까지를 한 막이라고 합니다. 고대 그리스의 연극은 3막 또는 5막으로 이루어졌다고 합니다.

4 희곡의 구성 단계

희곡도 줄거리를 가진 이야기이기에 소설과 비슷한 구성 단계를 가집니다. 일반적으로 발단–전개–절정–하강–대단원의 다섯 단계를 보입니다.

▎**발단** │ 시간적, 공간적 배경과 인물이 나타나고 이야기의 실마리가 드러납니다. 희곡에서는 이런 내용을 무대 배경과 등장인물의 등장, 대사를 통해 전해주지요.

▎**전개** │ 주동 인물과 반동 인물 사이의 갈등과 대결이 점차 드러나며 흥분과 긴장이 고조됩니다. '상승'이라고도 하지요.

▎**절정** │ 등장인물의 심리적 갈등이나 주동 세력과 반동 세력 간의 대립이 최고조에 달하는 부분으로, 주제가 선명하게 드러납니다.

▎**하강** │ 서로 대결하던 두 세력 중 뜻지 않은 쪽으로 대세가 기울어지는 단계로 결말을 향하여 급속히 치닫는 부분입니다. '반전'이라고도 해요.

▎**대단원** │ 갈등이 해소되고 모든 사건이 종결에 이르는 부분으로 긴장과 흥분이 해결되지요. '파국'이라고도 해요. 차범석 〈산불〉의 줄거리를 위의 단계에 따라 나눠보면 다음과 같아요.

> **발단** : 무대는 6·25전쟁 빨치산이 출몰하는 산촌. 남자들은 전쟁의 소용돌이에서 희생됐거나 전쟁터에 나갔고 여자들만 남아 있다. 마을 이장을 맡고 있는 과부 양 씨는 역시 과부인 최 씨와 사사건건 다툼이다. 양씨 며느리 점례는 젊은 과부이며,

최 씨의 딸이자 점례의 친구인 사월이도 과부이다.

전개 : '규복'이라는 교사 출신의 빨치산이 부상당한 몸으로 점례네 집에 숨어든다. 점례는 그를 대밭에 숨겨주고 밥을 날라다 주며 두 사람 사이에는 사랑이 싹튼다. 사월이가 이 사실을 눈치 채고 점례에게 규복을 공유하자고 한다.

절정 : 사월이는 임신을 하게 된다. 점례는 사월이에게 규복과 함께 마을을 떠나라고 한다. 그러는 동안 국군이 마을에 들어서 공비토벌작전을 위해 대밭을 태워버리겠다고 한다. 양씨는 조상 대대로 전해진 대밭을 불사른다는데 완강히 반대한다. 그리고 점례는 점례대로 비밀이 있었기에 국군에게 매달리며 통사정을 한다.

하강 : 국군은 작전을 변경할 수 없다면서 대밭에 불을 놓는다. 불길 속에서 뛰쳐나오려던 규복은 총에 맞아 죽고 만다.

대단원 : 사월은 자살을 하고 점례는 머리를 깎고 마을을 떠난다.

5 시대에 따른 희곡의 모습

｜ 고전주의classicism ｜ 고전주의는 르네상스 시기에 싹튼 문예사조로서 그리스 로마 시대의 고전을 작품의 기준으로 삼고 있어요. 고전주의 희곡은 극의 엄격한 질서를 추구하고 인물의 성격을 명확하게 보여주며 인간의 자유스러운 감정이나 상상을 배제하지요. 고전주의 희곡 작가들은 17세기에 체계를 갖춘 고전극 이론인 3일치의 법칙을 따르며 연극의 사실성, 존엄성을 갖춘 감독적인 인물과 그 인물이 겪는 비극을 전해주는 등의 특징을 갖고 있어요. 독일의 괴테, 프랑스의 몰리에르 같은 작가가 고전주의 희곡 작가입니다.

: 삼일치 ｜ 17~18세기 프랑스 고전주의 연극의 기본 법칙으로 극의 줄거리는 일관되어야 한다는 행위의 통일, 극의 지속시간은 24시간 이내여야 한다는 시간의 통일, 극은

동일한 장소에서 행해져야 한다는 세 가지의 원칙을 말합니다.

| 낭만주의romanticism | 희곡에서는 18세기 이후 프랑스를 중심으로 나타난 사조이지요. 상상력을 바탕으로 한 연극으로 환상의 세계를 바탕으로 한 작품들이 많아요. 〈노트르담의 꼽추〉 같은 소설로 우리에게 잘 알려진 빅토르 위고는 대표적인 낭만주의 희곡 작가의 한 사람입니다.

| 사실주의realism | 19세기 이후 자연과학 정신과 합리주의 사상의 영향으로 나타난 사조이지요. 우리가 흔히 보는 사실적인 느낌의 희곡들이 사실주의 희곡들입니다. 무대 장치, 소도구와 주인공 등의 모습은 사실적이며 우리 주변에서 흔히 볼 수 있다는 인상을 줍니다. 유치진, 차범석 등의 희곡 작가의 작품은 사실주의 계열에 속합니다.

| 자연주의naturalism | 19세기 후반 사실주의와 함께 프랑스를 중심으로 퍼진 문학 사조예요. 인간이란 유전과 환경에 지배되어 결국 비참해질 수 있다는 입장에서 인간의 숙명적인 비극성을 드러낸다는 사상을 바탕에 깔고 있습니다. 소설에서는 에밀 졸라의 〈목로주점〉 같은 작품이 있어요. 우리나라에는 엄밀하게 자연주의 문학이라 할 만한 작품이 드물지만 염상섭의 〈표본실의 청개구리〉나 김동인의 〈감자〉를 자연주의 작품이라 분류하기도 해요.

| 표현주의expressionism | 1910년경 독일에서 싹트기 시작한 사조예요. 작가 스스로 파악할 수 있는 내적 현실을 그대로 표현하는 것만이 작가의 진실한 태도라고 보고 있어요. 근대극에서 잘 쓰이지 않았던 독백과 방백, 추상적인 표현, 인간의 무의식적 욕망과 내적 심리의 표출 등이 특징입니다. 특별한 음악과 조명, 문법에 어긋나는 용어 등 기괴하다고 느껴질 만한 독특한 표현이 사용되곤 하지요.

> **예** 이근삼의 〈원고지〉 : 원고를 번역해야 생활을 영위할 수 있다고 생각하는 대학교수와 그 가족들을 통해 일상에 매몰된 현대인의 모습을 풍자한 희곡 작품입니다. 원고 무대는 전혀 사실적이지 않습니다. 원고지 무늬의 소파와 벽, 교수가 차고

있는 사슬, 기괴한 음악, 상상력을 불러일으키는 장녀의 해설 등에 표현주의 수
법이 활용되고 있습니다.

▌**부조리극** │ 1950년대 프랑스 파리를 중심으로 일어난 연극 운동에서 비롯되었습니
다. 인간을 부조리하고 비논리적인 존재로 보고 그 같은 부조리함을 소재로 삼은 연극
이지요.

 예 오태석 〈웨딩드레스〉, 〈환절기〉 등

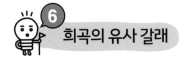

6 희곡의 유사 갈래

(1) 시나리오
❶ 개념
▌**시나리오** │ 영화 상연을 목적으로 작가가 상상한 이야기를 장면 번호, 대사, 지시문,
카메라 용어 등을 통해 나타낸 영화의 대본을 말합니다.

❷ 시나리오 구성의 3요소
▌**대사** │ 등장인물이 하는 말입니다.
▌**지문** │ 등장인물의 동작, 표정, 말투, 심리 등이나 조명, 음향효과, 배경 음악, 카메라
의 위치 등을 지시하는 글입니다.
▌**장면 표시** │ 사건의 배경이 되는 장면의 설정이나 장면 번호. 'S#(scene number)'로
나타냅니다.

❸ 시나리오의 갈래
▌**창작 시나리오** │ 작가의 상상에 의해 새로 지은 시나리오를 말합니다.
▌**각색 시나리오** │ 소설, 희곡, 실화 등을 시나리오 형식으로 고친 것을 말합니다.
▌**레제 시나리오** │ 읽기 위한 시나리오. 문학 작품으로서 감상시킬 목적으로 창작한
시나리오를 말합니다.

❹ 시나리오의 특수 용어

▎ S#^{scene} │ 장면

▎ title │ 자막

▎ shot │ 하나하나의 짧은 장면으로 카메라의 회전을 중단하지 않고 촬영한 이어진 필름

▎ E.^{effect} │ 효과음

▎ M.^{music} │ 효과 음악

▎ 몽타주^{montage} │ 따로따로 촬영한 화면을 떼어 붙여서 편집하는 방법

▎ O.L.^{over lap} │ 두 가지의 화면이 겹쳐지는 것

▎ F.I.^{fade in} │ 어두운 화면이 점점 밝아지는 것

▎ F.O.^{fade out} │ 밝은 화면이 점점 어두워지는 것

▎ C.U.^{close up} │ 어떤 인물이나 장면을 크게 확대하여 찍는 것

▎ conti^{continuity} │ 시나리오를 기초로 하여 영화감독이 만든 촬영 대본. 장면마다 카메라의 위치, 각도, 거리, 배우의 연기, 효과 등을 적어놓는다.

▎ PAN^{panning} │ 카메라를 상하 좌우로 이동하는 것

▎ W.O.^{Wipe Out} │ 한 화면의 일부가 닦아내는 듯이 없어지면서 다른 화면이 나타나는 기법

(2) 뮤지컬

▎ 뮤지컬 │ 뮤지컬은 19세기 미국에서 탄생하였습니다. 오페라가 그 기원이라고 볼 수 있지요. 뮤지컬은 음악과 춤이 더해진 희곡이라 할 수 있어요. 우리나라의 뮤지컬로는 〈명성황후〉, 〈마지막 춤은 나와 함께〉 등이 있습니다.

11

마음의 향기를 담는 문학
┃수필

국어샘
길잡이

"수필은 청자연적이다. 수필은 난이요, 학이요, 청초하고 몸맵시 날랜 여인이다. 수필은 그 여인이 걸어가는, 숲 속으로 난 평탄(平坦)하고 고요한 길이다. ……

수필은 청춘의 글이 아니요, 서른여섯 살 중년 고개를 넘어선 사람의 글이며, 정열이나 심오한 지성을 내포한 문학이 아니요, 그저 수필가가 쓴 단순한 글이다.

수필은 흥미는 주지마는, 읽는 사람을 흥분시키지는 아니한다. 수필은 마음의 산책이다. 그 속에는 인생의 향기와 여운이 숨어 있다.……

수필의 재료는 생활 경험, 자연 관찰, 인간성이나 사회 현상에 대한 새로운 발견 등 무엇이나 좋을 것이다. 그 제재(題材)가 무엇이든지 간에 쓰는 이의 독특한 개성(個性)과 그 때의 심정(心情)에 따라, '누에의 입에서 나오는 액(液)이 고치를 만들 듯이' 수필은 써지는 것이다. ……"

대체 무슨 소리지? 수필이 청자연적이고 난이라니? 학은 또 뭐고 몸맵시 날렵한 여인이란 것은 무슨 뜻일까? 피천득 님이 쓴 〈수필〉이라는 제목의 수필을 읽다 보면 아리송한 말이 한 페이지 가량 이어집니다. 그러나 좀 더 꼼꼼하게 읽어 보면 수필의 특성을 절묘하게 담아냈다는 걸 알 수 있습니다. 비유적으로 썼지만 수필의 특성을 구구절절 담고 있는 거지요. 수필은 개성이 잘 담기고, 우아하며 맛깔스런 문학이라는 점, 형식이 자유롭지만 그 나름대로 질서가 있다는 점, 자연스럽게 이어지는 글이라는 점, 누구나 수필가가 될 수 있는 비전문적인 문학이라는 점 등을 잘 표현해내고 있습니다.

우리는 모두 수필가라고 할 수 있어요. 밤이면 일기를 쓰기도 하고, 친구에게 편지를 쓰기도 합니다. 여행을 다니며 여행기를 쓰기도 하지요. 이 모든 생활 속의 글들이 바로 수필이니까요.

수필은 어떤 글이며, 어떤 특성을 지니는지, 수필을 이루는 요소들은 무엇인지, 그리고 이 모든 것들이 작품 속에 어떻게 녹아드는지를 차근차근 살펴보기로 해요.

01 수필의 개념	– 수필
02 수필의 특성	– 개성의 문학/ 무형식의 형식/ 다양한 소재/ 비전문적인 문학/ 체험과 사색의 문학
03 수필의 구성 요소	– 소재와 제재/ 구성/ 문체/ 글쓴이의 관점과 태도/ 주제
04 수필의 종류	**(1) 주제의 경중에 따른 갈래** – 경수필/ 중수필 **(2) 형식에 따른 갈래** – 서술체 수필/ 서간체 수필/ 일기체 수필/ 기행문체 수필 **(3) 성격에 따른 갈래** – 사색적/ 서사적/ 회고적/ 풍자적/ 낭만적/ 체험적/ 교훈적/ 주관적 / 비평적/ 논리적/ 유추적/ 예찬적/ 묘사적/ 해학적/ 설득적/ 현학적 / 성찰적/ 자연친화적/ 우회적/ 감각적
05 더 알아보기 – 기행문	**(1) 기행문의 개념** **(2) 기행문의 3요소 – 여정, 견문, 감상** – 여정/ 견문/ 감상 **(3) 기행문의 특성** – 지방색/ 객창감

1 수필의 개념

▎**수필** │ 따를 수(隨) 붓 필(筆)자를 생각해 보세요. '수필'이란 붓을 따르는 글이라는 뜻입니다. 이 뜻과 마찬가지로 수필은 어떤 일정한 형식 없이 삶 속에서 겪은 체험이나, 사물에서 보고 듣고 느끼고 생각한 것들을 자유롭게 쓴 산문문학의 한 갈래라고 정의할 수 있습니다.

2 수필의 특성

▎**개성의 문학** │ 수필의 가장 큰 특성은 '개성'입니다. 글쓴이의 상황과 인생관 등이 고스란히 드러나는 글이니까요. 소설 속에서 '나'는 소설가가 아니라 소설가가 창조해낸 인물입니다. 그러나 수필 속의 '나'는 수필가 자신이지요.

▎**무형식의 형식** │ '형식이 없는 형식'이라니 말장난 같기도 하지요? 그러나 이 말은 형식이 없지만 아무렇게나 쓰는 것이 아니라 다양한 형식으로 자유롭게 쓸 수 있다는 뜻입니다.

　　예 피천득 〈수필〉: 수필에 대한 생각을 비유적 표현을 사용하여 열거하듯 써나간 작품

　　이상 〈권태〉: 여름 날 벽촌에서의 생활 체험을 소재로 주관적인 관점으로 대상을 바라봄. 일정한 짜임 없이 대상을 옮겨가며 자신의 생각을 써나간 수필

▎**다양한 소재** │ 수필의 소재는 다양합니다. 이태준의 〈물〉, 이양하의 〈나무〉 등은 자연물을 소재로 하고, 피천득의 〈나의 사랑하는 생활〉은 자기가 좋아하는 생활 모습을, 현진건의 〈불국사 기행〉은 불국사 여행의 체험을, 민태원의 〈청춘 예찬〉은 인생의 한 시기인 청춘을 소재로 하고 있습니다. 무엇이나 수필의 소재가 될 수 있지요.

▎**비전문적인 문학** │ 한 편의 소설은 이야기를 상상해내고 구성하는 힘이 있어야 합니

다. 시 역시 운율을 통한 함축미를 담고 있어야지요. 하나의 작품으로 그 나름대로 아름다움을 갖고 잘 형상화되어야 합니다. 그러나 수필을 쓰는 데는 어떤 조건이나 재능이 필요하지 않습니다. 어린아이의 수필도 노인의 수필도 그 나름대로 자신의 개성을 표현하고 있으니까요?

▋ **체험과 사색의 문학** │ 수필가의 체험, 관찰, 생각과 느낌을 담아낸 문학이라는 의미이지요.

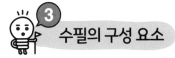

③ 수필의 구성 요소

수필을 이루는 요소는 어떤 측면에서 보느냐에 따라 조금씩 다른 말로 표현할 수 있습니다. 그러나 우리가 한 편의 수필을 쓴다고 생각해 보세요. 글의 재료가 있어야겠지요. 그 재료를 바탕으로 어떤 주제를 담아낼지 생각해야 합니다. 그 내용을 어떻게 배열할지 어떤 표현들을 사용할지도 중요합니다.

맛있는 음식을 하나 만든다고 생각해 보세요. 예를 들어 '만둣국'을 만든다고 해봅시다. 주재료는 만두지요. 그 밖에 국물이나 양념 등도 있겠지만 부수적인 것입니다. 이 만두의 속을 담백한 채소로 할까, 김치와 돼지고기를 많이 넣어 매콤하게 만들까 생각해야 해요. 만둣국을 국물이 많고 고명이 곁들여진 것으로 만들지, 매콤하게 고춧가루를 곁들일지도 생각해 봐야겠고요. 큰 그릇에 넣어 여러 명이 덜어먹을 수 있게 할지, 따로따로 담아낼 것인지도 결정해야 합니다. 결국 만둣국을 먹는 사람들은 '아, 이 만둣국은 담백한 맛이 일품이구나.', '칼칼한 맛으로 입맛이 돌게 하는구나.'하는 생각을 하게 될 거예요.

자 그러니까 주재료는 만두, 어떤 맛을 낼까 하는 것은 작가의 관점과 태도 혹은 문체, '이러이러한 맛이구나' 하는 생각은 주제가 되겠지요. 소재와 주제, 구성과 문체, 글쓴이의 관점과 태도 등이 수필을 이루는 요소입니다.

▋ **소재와 제재** │ 소재는 글의 재료들이고 그 중의 중심 재료가 제재입니다.

▍**구성** │ 글의 짜임, 보통 처음−중간−끝의 3단 구성으로 되어 있으나 기−승−전−결의 4단 구성인 경우도 있습니다.

▍**문체** │ 문장 상에 나타나는 지은이의 독특한 개성을 말합니다. 소설에서 배운 것처럼 문장의 길이, 느낌, 사용하는 어휘 같은 것이지요.

▍**글쓴이의 관점과 태도** │ 세상을 바라보는 글쓴이의 마음가짐이나 가치관 등이라 할 수 있겠네요.

▍**주제** │ 지은이의 주된 생각이나 느낌, 혹은 독자가 느끼는 중심 생각을 말합니다.

4 수필의 종류

(1) 주제의 경중에 따른 갈래

▍**경수필** │ 생활 체험을 바탕으로 우리 주변에서 일어나는 사소한 일을 소재로 가볍게 쓴 수필입니다. 내용이 자유롭고 개인적이며 주관적, 정서적인 특성을 지닙니다. 일기, 편지, 기행문, 독후감, 감상문 같은 글이 이에 해당해요. 우리가 흔히 읽는 수필들은 다 이에 해당하지요.

▍**중수필** │ 조금 무거운 주제를 다룬 객관적이고 지적인 경향의 수필입니다. 어찌 보면 가벼운 논문처럼 보이기도 합니다.

> **예** 안병욱의 〈고독을 그리워하며〉라는 수필이 있습니다. 고독의 가치와 그 의미를 밝힌 수필입니다. 사상가들의 말을 인용하여 자기 생각을 뒷받침하고 있지요. 교훈적이고 논리적인 글입니다.

(2) 형식에 따른 갈래

글의 제재와 목적이 무엇이냐에 따라 수필은 여러 형식의 글로 나눠질 수 있습니다.

누군가에게 안부를 전하기 위한 글이라면 편지(서간문) 형태를 취할 수 있고, 하루의 생활을 제재로 그것을 기록하기 위함이라면 일기 형태의 글이 되겠지요. 여행을 제재로 하여 그것을 기록하고자 한다면 기행문, 일상생활의 여러 가지 감흥을 기록하기 위해서라면 감상문이 될 것입니다.

▎ 서술체 수필 │ 특별한 형식 없이 자신의 체험과 생각 등을 서술한 수필을 말해요. 우리가 읽는 일반적인 수필이 서술체 수필이에요.

▎ 서간체 수필 │ 실제 편지나 편지 형태로 쓴 수필을 말해요.
> **예** 신영복 〈감옥으로부터의 사색〉에 실린 글들은 글쓴이가 수감생활을 하며 쓴 편지들을 모은 것입니다. 실제 서간문이며 서간문 형태를 통해 감옥생활의 애환과 상념들을 담아낸 것이지요.

▎ 일기체 수필 │ 실제 일기나 일기 형태의 수필을 말해요.
> **예** 〈계축일기〉: 어느 궁녀가 쓴 국문 수필로 광해군이 영창대군을 죽이고 인목대비를 가두었을 때부터 인조반정으로 인목대비가 복위될 때까지를 일기체로 기록한 글입니다.

▎ 기행문체 수필 │ 기행문 또는 기행문 형태의 수필을 말해요.
> **예** 의유당 남씨 〈동명일기〉: 귀경대에서 본 해돋이의 광경을 시간에 따라 묘사한 기행문입니다.
> 현진건 〈불국사 기행〉: 경주 불국사 여행 체험을 바탕으로 한 기행문입니다.

(3) 성격에 따른 갈래

과녁 적(的)자를 쓰는 접미사 '–적'은 한자어 아래에 붙어 '그 성격을 띠는', '그 상태로 된' 같은 뜻을 더하는 접미사입니다. 소설이나 시, 희곡을 포함한 모든 글의 성격을 나타내는 말에 '–적'자가 많이 붙습니다. 수필의 성격을 나타낼 때도 '–적'이 붙은 파생어가 많이 쓰입니다. 옛일을 돌아보는 특성을 지녔다면 회고적, 글쓴이가 체험한 일을 다루고 있다면 체험적, 이치에 맞게 논리적으로 써나가면 논리적……. 무수히 많은 가름이 있을 것입니다. 또 사색적이면서도 회고적일 수 있고, 주관적이면서 낭만적일 수도 있습니다. 한 수필의 성격이 어느 한 가지로 고정될 수만은 없으니까요. 수필의 성격을 드러내는 말들을 쭉 찾아봅시다. 물론 이것들은 다른 글에도 적용될 수 있는 말들입니다. 다 아는듯하지만 조금 더 명확하게 이해하기 위하여 몇 가지 개념은 작품과 연결하면서 점검해 보기로 하지요.

┃ 사색적 ┃ 어떤 일에 대해 깊이 생각하는.

> 예 이양하 〈나무〉 : 나무에서 배우는 삶의 자세를 담은 수필입니다. 바람직한 삶의 자세가 무엇인지를 가르쳐주는 교훈적 특성도 지니며 나무에 대한 예찬적 태도도 볼 수 있습니다.

┃ 서사적 ┃ 이야기가 담긴.

> 예 피천득 〈은전 한 닢〉 : 고생 끝에 은전 한 닢을 얻고 기뻐하는 거지의 이야기가 담긴 수필입니다. 자신의 옛 체험을 돌아보는 글이므로 회고적인 성격도 지니고, 체험적이라 할 수도 있어요.

┃ 회고적 ┃ 지난 일을 돌이켜 생각하는.

> 예 정진권 〈짜장면〉 : 짜장면을 소개로 과거를 회고하며 인심과 여유를 잃은 현대의 생활을 돌아보게 하는 수필입니다. 어린 시절과 스무 살 때의 중국집과 인정 넘치는 풍경을 회고하고 있지요.

┃ 풍자적 ┃ 빙 돌려 우회적으로 폭로하고 비판하는.

> 예 김용준 〈게〉 : 게의 속성을 이야기하며 어리석고 싸우기 좋아하는 사람들을 우회적으로 비판하는 작품입니다.

┃ 낭만적 │ 현실적이지 않고 뭔가 상상력이 있고 정감이 넘치는.

    例 윤오영 〈소녀〉: 친척뻘 되는 소녀를 만나 수줍어하는 소녀를 보고 느낀 한국적 부끄러움의 정서를 그려낸 수필입니다. 낭만적이며, 서정적인 수필이지요. 옛일을 돌아보고 있어 회고적, 체험적 수필이기도 하구요.

┃ 체험적 │ 실제 체험을 바탕으로 한. 대부분의 수필이 이에 해당하지요.

┃ 교훈적 │ 가르침을 주는.

┃ 주관적 │ 자신의 견해나 판단을 중심으로 한.

┃ 비평적 │ 분석하고 평가하여 가치를 논하는.

┃ 논리적 │ 이치에 맞고 체계적인.

    例 안병욱 〈고독에의 향수〉: 고독이 인간 삶에서 어떤 의미를 지니는지 철학적, 논리적으로 전개하는 수필입니다.

┃ 유추적 │ 어떤 사물이나 사건의 유사성을 끌어다 자신이 하고자 하는 말을 하는.

    例 김소운 〈특급품〉: 비자나무 바둑판은 조금 균열이 있어야 그것이 결합하면서 특급품 바둑판이 되듯, 인생은 과실을 딛고 극복할 때 의미 있는 인생이 될 수 있다는 내용의 수필. 바둑판에서 인생을 유추하고 있습니다.

┃ 예찬적 │ 매우 좋게 여겨 찬양하고 기리는.

    例 한흑구 〈보리〉: '보리'가 겨울을 이기고 결실을 맺는 속성을 강인한 의지로 표현하여 찬양하는 내용의 수필입니다.

┃ 묘사적 │ 그림을 그리듯 대상을 상세하게 감각적으로 표현하는.

┃ 해학적┃ 웃음과 익살이 가득한.

> ㉘ 가드너 〈모자 철학〉 : 모자의 크기로 사람들의 능력과 직업을 판단하는 모자 장
> 수의 이야기를 재미나게 표현한 수필입니다.

┃ 설득적┃ 자신의 주장을 따르도록 잘 이끄는.

┃ 현학적┃ 알고 있는 것을 과시하는 듯한.

> ㉘ 김용준 〈게〉 : 게를 소재로 하여 게와 관련된 한시 등을 두루 인용하여 글쓴이의
> 학식을 드러냅니다. 현학적이라고 볼 수 있지요. 그러나 여기서 멈추지 않고 게
> 의 특성을 통해 사람들의 염치없음을 비판하는 풍자성도 드러내고 있지요.

┃ 성찰적┃ 자신을 돌이켜보고 깊이 반성하는 것.

┃ 자연친화적┃ 자연과 가까이하며 더불어 살고자 하는.

┃ 우회적┃ 빙 돌려 간접적으로 표현하는.

┃ 감각적┃ 감각 기관을 통해 받아들이는.

> ㉘ 피천득 〈나의 사랑하는 생활〉 : 자신이 좋아하는 사물, 생활 등등을 눈에 보이
> 듯, 만져지듯 감각적으로 표현한 수필이지요.

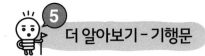
더 알아보기 – 기행문

(1) 기행문의 개념

┃ 기행문┃ 여행 중 보고, 듣고, 느끼고 생각한 바를 적은 글입니다. 단순한 일지 형태
의 기록이 아니라 글쓴이의 체험과 생각이 여정에 따라 잘 드러나야 하지요.

(2) 기행문의 3요소 - 여정, 견문, 감상

▌**여정**｜ 언제, 어디서, 어디를 거쳐 여행했다는 내용, 즉 여행의 일정이지요.

▌**견문**｜ 여행에서 보고 들은 것. 즉 글쓴이의 여행 체험이지요. 견문이 잘 드러나야 흥미 있고 생동감 있는 글이 될 수 있을 거예요.

▌**감상**｜ 생각하고 느낀 점. 같은 것을 보더라도 글쓴이의 개성에 따라 감상이 달라지겠지요.

(3) 기행문의 특성

기행문은 일단 여행을 해야 쓸 수 있는 글입니다. 위에서 말한 기행문의 3요소인 여정과 견문과 감상이 잘 담겨 있어야 하며, 지방의 특색이 잘 드러나야 하겠지요. 기행문에는 글쓴이의 감상이 잘 드러나야 합니다.

▌**지방색**｜ 그 지방의 자연, 풍속, 문화 등 지방 고유의 특색을 말해요.

▌**객창감**｜ 나그네가 객지에서 묵는 방을 '객창'이라 합니다. 객창감이란 객지에서 느끼는 아련한 감정을 말합니다. '객수'라고도 하지요.

12

옛 문학의 발자취 1
우리 운문문학의 흐름

국어샘
길잡이

숲을 보고 나무를 본다는 말이 있습니다. 전체적인 경치를 보더라도 부분을 놓쳐서는 안 되며, 부분만 보고 전체를 제대로 못 봐서도 안 된다는 말일 거예요. 우리 문학을 볼 때도 이런 자세로 봐야 한답니다.

우선 우리 문학의 범위를 생각해 보세요. 우리말로 된 문학이 우리 문학이다, 그러나 한글이 없었던 시절 한문으로 기록된 문학도 우리 문학이다, 입에서 입으로 전해져 온 구비문학도 우리 문학이라고 정리할 수 있다. 그럼 누군가 묻겠지요. 우리나라 작가가 외국어로 쓴 문학도 한국문학일까요? 그래요. 조금 독특하긴 하지만 이것도 우리 문학의 한 갈래로 여겨야 합니다. 이미륵의 〈압록강은 흐른다〉는 독일어로 발표되었어요. 우리에게 소개될 때는 번역되었고요. 그렇지만 우리 작가의 작품이며 한국인의 정서가 살아있기에 한국문학의 범주에 넣어야 합니다. 그럼 또 누군가가 묻겠지요? 외국인이 우리글로 쓴 문학이라면 한국문학일까요? 이 경우 단순하게 표기 수단이 한글이라면 굳이 우리 문학에 넣을 까닭이 없겠지요.

정리하자면, "한국문학은 한국어로 된 문학, 중세 이전에 지배층 문인들이 창작하고 향유한 한문학, 그리고 구비문학 등이지만 예외적인 경우도 있다."고 할 수 있겠네요.

이렇게 우리 문학의 범위를 정하니 머릿속에는 수많은 우리 문학의 갈래들이 떠오릅니다. 고대가요, 향가, 고려가요, 고대소설, 탈춤, 판소리, 설화…… 그런데 뒤죽박죽 떠오르네요. 그 문학이 언제 어떻게 나오게 되었는지 가닥이 잘 잡히지 않지요. 이제 우리 문학의 갈래를 문학사의 흐름에 맞춰, 운문문학부터 정리해 보기로 해요.

01 고대의 운문문학	**(1) 고대가요** – 고대가요/ 고대가요 작품	
	(2) 향가 – 향가(향찰)/ 향가의 종류/ 향가의 내용/ 향가의 작가/ 현전하는 향가 작품들	
02 고려 시대의 운문문학	**(1) 고려가요** – 고려가요/ 고려가요의 특징/ 고려가요의 작가/ 현전하는 고려가요 작 품들	
	(2) 경기체가 – 경기체가/ 경기체가의 특징/ 경기체가 작품들	
03 조선 시대의 운문문학	**(1) 고시조** – 고시조/ 고시조의 형식/ 시조의 내용/ 시조의 종류(평시조/ 엇시조/ 사 설시조/ 연시조)	
	(2) 악장 – 악장/ 악장 작품들	

	(3) 가사
	– 가사/ 가사의 형식(정격 가사/ 변격 가사)/ 가사 작품의 전개 양상(유
	  배가사/ 규방가사/ 기행가사/ 개화가사)/ 시조와 가사의 비교/ 대표적
	  가사 작품들	

	(4) 잡가	

고대의 운문문학

(1) 고대 가요

▎**고대가요** ▎삼국 시대 이전의 노래로서 어떻게 불렸는지 모르나 모두 노래로 전해지다가 한문으로 번역되어 기록되었습니다. 어떤 특정한 양식으로 자리 잡았다고 보기는 힘들지요.

▎**고대가요 작품** ▎전해지는 고대가요 작품은 모두 세 편입니다.

　: **구지가** ▎거북 구(龜), 맛있을(아름다울) 지(旨) 자를 쓰고 있네요. 거북이 노래라 불렀을지도 모릅니다. 〈삼국유사〉의 '가락국기'에 기록되어 있는데, 거북에게 머리를 내놓으라고 위협하는 짧은 노래입니다. 주술적인 노래로 보고, 출산 기원의 노래로 보기도 합니다. 노동과 관련된 노동요로 보는 시각도 있지요.

　: **황조가** ▎〈삼국사기〉에 실린 노래로 유리왕이 지었다고 합니다. 우리나라 최초의 개인적 서정 가요로 볼 수 있습니다.

　: **공무도하가** ▎흰 머리를 한 미친 노인이 강을 건너다 빠져 죽은 뒤 그 부인이 불렀다는 노래입니다. 이 이야기를 뱃사공 곽리자고가 자신의 부인 여옥에게 들려주자 공후라는 악기를 타며 노래를 불렀다고 하지요.

(2) 향가

▎**향가** ▎향가는 향찰로 표기된 시가로서 신라 때부터 고려 초까지 지어졌습니다.

　: **향찰** ▎우리 문자가 없던 시기에 한자의 뜻과 음을 빌려 체계적으로 표기한 문자를 말해요.

▎**향가의 종류** ▎향가는 그 형식에 따라 10구체, 8구체, 4구체로 나눕니다. 10구체 향가는 가장 완성된 형태이며, 4구체는 민요적인 향가입니다. 4, 8, 10구체 향가라 하지 않고 두 줄 향가, 네 줄 향가, 다섯 줄 향가로 보기도 하지요.

▌**향가의 내용** │ 민요, 주술적인 노래, 나라를 다스리는 노래 등 다양하지만 불교적인 노래가 많습니다.

▌**향가의 작가** │ 작가는 여러 계층이나 승려와 화랑이 많습니다.

▌**현전하는 향가 작품들**

〈4구체 작품〉

: **서동요** │ 백제 무왕이 선화공주를 아내로 맞고자 맛둥 도령이 선화공주와 몰래 결혼했다는 내용의 동요를 퍼뜨렸지요. 그 노래가 서동요입니다.

: **풍요** │ 성 안의 남녀가 흙을 운반하며 부른 노래이지요.

: **헌화가** │ 소를 몰던 노인이 수로 부인에게 꽃을 꺾어 바치며 부른 노래이지요.

: **도솔가** │ 해가 둘이 나타나는 변괴를 미륵불을 맞아 물리치고자 하는 노래이지요.

〈8구체 작품〉

: **모죽지랑가** │ 화랑인 죽지랑을 추모한 노래이지요.

: **처용가** │ 처용이 역신을 물리치며 부른 노래이지요.

〈10구체 작품〉

: **제망매가** │ 월명사가 자신의 죽은 누이의 명복을 빌기 위하여 재를 올릴 때 부른 노래이지요.

: **원왕생가** │ 서방정토에 태어나기를 바라는 노래이지요.

: **찬기파랑가** │ 화랑인 기파랑의 덕을 찬양한 노래이지요.

이 밖에도 혜성을 물리치는 노래 〈혜성가〉, 약속을 잊은 임금을 원망하는 〈원가〉, 바르게 백성을 다스려야 한다는 〈안민가〉 등 여러 향가 작품이 있습니다.

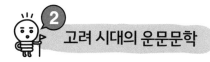

2 고려 시대의 운문문학

(1) 고려가요

▎고려가요 | 고려 시대에 주로 평민들이 불렀던 민요적 시가. 고려속요, 장가라고도 부릅니다. 입에서 입으로 전해지다가 훈민정음 창제 후에 기록되었어요. 정리될 당시 '남녀상열지사'는 '사리부재'라 하여 많은 작품이 기록에서 누락되었습니다.

    : 남녀상열지사 | 남녀가 서로 좋아하는 노래

    : 사리부재 | 내용이 저속하여 책에 싣지 못함.

▎고려가요의 특징 | 내용이 진솔(솔직하고 진실함)하고, 여러 연으로 구성되어 있으며, 악기 소리 같은 여음구가 발달되어 있습니다.

    : 여음 | 연(聯) 단위 시가의 앞이나 뒤, 가운데에 시의 리듬을 위하여 별 뜻 없이 넣는 어절이나 구절. 고려가요를 읽을 때 볼 수 있는 '얄리얄리 얄랑셩', '아으 동동다리' 같은 것이 여음이지요.

▎고려가요의 작가 | 고려 시대의 평민들이 주요 작가층입니다.

▎현전하는 고려가요 작품들

    : 청산별곡 | 현실 도피적인 생활상과 비애가 담긴 노래로 청산과 바다라는 이상향을 그리고 있는 노래이지요.

    : 동동 | 월별로 그 달의 풍속과 관련하여 임을 그리는 마음을 그린 노래이지요.

    : 정석가 | 임금 또는 임의 만수무강을 축원한 노래이지요.

    : 가시리 | 남녀 간의 애타는 이별의 노래. '귀호곡'이라고도 불러요.

    : 쌍화점 | 남녀 간의 적나라한 애정과 타락한 풍속을 담아낸 노래이지요.

이외에도 남녀 간의 이별을 노래한 〈서경별곡〉, 호미와 낫에 아버지와 어머니의 사랑을 비유한 노래인 〈사모곡〉, 영원한 사랑을 염원하는 〈만전춘〉 등 여러 작품이 있습니다.

(2) 경기체가

▎경기체가 | 고려 13세기 초의 '한림별곡'을 시작으로 조선 시대까지 이어진 시가 양식

입니다. 후렴구에 '경(景) 긔 엇더하니잇고' 혹은 '경기하여'라는 구절이 되풀이되어 경기체가라는 이름이 붙었지요. 제목에 '별곡'이라는 말이 붙어 '별곡체'라고도 합니다.

▎**경기체가의 특징** ┃ 형식면에서 몇 개의 연이 모여 한 작품을 이루는 형식을 취하고 있습니다. 한 연은 6행으로 되어 있으며, 제 4행과 제 5행에서 앞뒤로 나뉘는 분절 형태이지요. 앞부분은 3음보, 뒷부분은 4음보입니다. 내용 면에서는 선비들의 학식과 체험 또는 경치를 나열하면서 신진 사대부의 호탕한 기상과 자부심을 드러내고자 했습니다.

　　: 신진 사대부 ┃ 고려 시대 말 지방 향리의 자손들이 과거를 통해 정계에 진출했는데 그들을 신진 사대부라 부릅니다. 고려의 개혁을 두고 정도전을 중심으로 한 급진개혁파와 정몽주를 중심으로 한 온건개혁파로 분화되었지요.

▎**경기체가 작품들** ┃ 〈한림별곡〉, 〈관동별곡〉, 〈죽계별곡〉 등 고려 시대의 작품과 〈상대별곡〉, 〈화산별곡〉 등 조선 시대의 작품들이 있습니다.

　경기체가는 한문이 나열되어 있고, 사대부의 자만심이 가득하지요. 문학적인 완성도는 떨어지고 깊이 있는 주제를 담고 있지도 않습니다. 이런 작품들이 주를 이루었던 경기체가의 생명은 그리 오래 가지 않았지요.

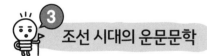

③ 조선 시대의 운문문학

(1) 고시조

▎**고시조** ┃ 고려 중엽에 발생하여 고려 말에 형태가 완성된 우리나라 고유의 정형시입니다. 조선 시대 때 집중적으로 창작되었고 현재까지 이어지고 있습니다.

▎**고시조의 형식** ┃ 초, 중, 종장 3장 6구 45자 안팎의 형태가 기본형의 시조입니다. 3·4조, 4·4조의 음수율을 취하고 있으며 4음보의 율격을 갖습니다. 종장 첫 구 3글자는 엄격히 지켜져야 하고, 종장 둘째 구가 늘어나는 것도 시조 형식의 특징이기도 합니다.

이 몸이 죽어가서 무엇이 될고 하니 ― 초장

봉래산 제일봉에 낙락장송 되어 있어 ― 중장

백설이 만건곤할 제 독야청청 하리라 ― 종장

▎시조의 내용 │ 시조 내용의 두 흐름은 유교의 '충' 사상과, 자연친화적 사상입니다. 이런 작품들은 주로 사대부들의 작품이지요. 기녀들을 중심으로 남녀의 사랑을 주제로 한 시조들이 창작되기도 했습니다.

▎시조의 종류 │

: **평시조** │ 기본형의 시조, 단형 시조라고도 합니다.

: **엇시조** │ 평시조의 초장, 중장 중 어느 한 구가 길어진 시조입니다. 중형 시조라고도 하지요. 엇시조 작품은 그 예를 찾기가 쉽지 않습니다. 요즘에는 엇시조를 사설시조에 포함시켜 보기도 합니다.

: **사설시조** │ 평시조에서 두 구 이상이 길어져 각각 그 자수가 10자 이상으로 늘어난 시조입니다. 일반적으로 중장이 길어지고 종장의 첫구만 3글자의 시조 형태를 지니게 됩니다.

두꺼비 파리를 물고 두엄 위에 뛰어 올라가 앉아

건너편 산을 바라보니 흰 송골매가 떠 있기에 가슴이 섬뜩하여 풀쩍 뛰어 내리닫다가 두엄 아래 자빠졌구나

모쳐라(마침) 날랜 나였길래 망정이지 하마터면 다쳐서 멍들 뻔했구나.

: **연시조** │ 한 제목 아래 2수 이상의 기본형을 나열하여 한 작품을 이룬 시조를 말합니다. 예 이황 〈도산십이곡〉, 이이 〈고산구곡가〉

(2) 악장(樂章)

▎악장 │ 조선 시대에 궁중에서 제사를 지낼 때 부르던 송축가. 조선 초기에 잠깐 나타

났다 금방 소멸한 문학 장르입니다. 일정한 형식은 없으나 중국 고체시의 형태를 본받았고 '용비어천가'나 '월인천강지곡'처럼 정형성을 띤 것도 있습니다. 작가층이나 향유 계층이 모두 특권 귀족층이어서 국민 문학으로 성장하기에는 한계가 있었습니다. 주로 건국의 정당성을 강조하고 문물제도를 찬양하거나 임금의 만수무강을 비는 내용을 담고 있어요.

▮ **악장 작품들** │ 〈용비어천가〉, 〈월인천강지곡〉 등이 악장의 대표작이며 한글 연구에 유용한 작품들입니다.

(3) 가사

▮ **가사** │ 고려 말에 발생하여 조선 시대에 널리 창작되었던 3(4)·4조, 4음보 연속체의 시가입니다. 운문과 산문의 중간 형태로, 교술 문학 갈래에 넣기도 합니다.

▮ **가사의 형식** │ 가사는 두 마디씩 짝을 이루는 4음보의 연속체로 길이는 짧은 것부터 긴 것까지 다양합니다.

  : **정격 가사** │ 낙구(마지막 구) 가 시조의 종장처럼 3, 5, 4, 3의 음수율을 지니는 가사를 말해요.

  : **변격 가사** │ 낙구가 시조의 종장 같은 제한을 받지 않는 가사를 말해요.

  🔵 정철의 〈관동별곡〉은 '명월(明月)이 천산만락(千山萬落)에 아니 비췬 데 없다'로 마무리되고 있습니다. 시조 종장의 기본 음수율인 3, 5, 4, 3의 형태로 되어 있지요. 이런 가사가 정격 가사입니다. 반면 김진형의 〈북천가〉 마지막 부분은 '이 내 노릇 하게 되면 그 아니 상쾌할까'로 시조의 종장 형태와는 다른 변격 가사입니다.

▮ **가사 작품의 전개 양상** │ 가사는 임진왜란을 기점으로 조선 전기 가사와 후기 가사로 나눌 수 있습니다. 조선 전기 가사는 양반 사대부들이 주요 작가층으로 임금에 대한 충성과 자연친화적 삶 등을 주제로 삼고 있습니다. 후기의 가사는 전란의 체험, 현실적인 문제에 대한 관심 등으로 주제가 확대되었고 여성과 평민 작가들의 작품이 많

이 창작되었습니다. 이어 개화기에는 애국 계몽과 자주독립, 부국강병 등을 주제로 한 가사들이 창작되었습니다.

- **: 유배가사** │ 유배지에서의 삶, 유배지에서의 감회 등을 담은 가사를 말해요.
- **: 규방가사** │ 규방이란 부녀자들이 거처하는 방으로 규방가사는 부녀자들이 쓴 가사를 말해요.
- **: 기행가사** │ 〈일동장유가〉 등 기행문 형태의 가사를 말해요.
- **: 개화가사** │ 개화기에 지어진 가사로 개화기의 여러 관심사를 다루고 있습니다.

▌시조와 가사의 비교

시조와 가사는 모두 4음보의 운율을 지닙니다. 그러나 시조는 초장, 중장, 종장의 3장으로 구성되었고, 가사는 4음보의 연속체를 이룹니다. 시조는 짧다고 하여 '단가'라 하고, 가사는 길다고 하여 '장가'라 부릅니다.

▌대표적 가사 작품들

- **: 상춘곡(정극인)** │ 봄 경치를 노래한 가사. 현전하는 첫 가사 작품이라 여겨집니다.
- **: 만분가(조위)** │ 순천에서 지은 유배가사의 효시 작품이에요.
- **: 면앙정가(송순)** │ 면앙정 주위의 아름다움과 정취를 노래한 작품이에요.
- **: 성산별곡(정철)** │ 김성원의 풍류와 성산의 풍물을 노래한 작품이에요.
- **: 관동별곡(정철)** │ 관동 지방을 유람하며 빼어난 경관과 선정(善政)에 대한 포부를 담은 기행가사예요.
- **: 사미인곡(정철)** │ 임금에 대한 그리움을 한 여인의 임에 대한 그리움에 빗대 노래한 가사 작품이에요.
- **: 속미인곡(정철)** │ 두 여인의 문답형으로 된 연군가사예요.
- **: 규원가(허난설헌)** │ 규방가사의 선구적 작품이라 할 만한 작품으로 남편에 대한 그리움, 원망, 한탄이 담긴 가사예요.
- **: 선상탄(박인로)** │ 임진왜란 직후 통주사로 부임한 뒤 배 위에서 전란을 돌아보며 전쟁의 비애, 왜에 대한 비판 등을 담은 우국가사예요.

이 밖에도 임진왜란의 체험과 태평성대에 대한 기원을 담은 박인로의 〈태평사〉, 가난한 삶을 노래한 박인로의 〈누항사〉, 일본 기행가사인 김인겸의 〈일동장유가〉, 중국 기행가사인 홍순학의 〈연행가〉, 농촌에서 한 해 동안 매달 해야 할 일을 노래한 정학유의 〈농가월령가〉, 예의와 염치를 모르는 남자의 이야기를 담은 작자 미상의 〈우부가〉 등 많은 가사 작품이 있습니다.

(4) 잡가

▎**잡가** ┆ 잡가는 명확하게 그 개념을 정리할 수 없는 갈래입니다. 가사의 하위 갈래를 잡가라 부르기도 하고, 민요·속요·타령 등을 두루 일컫는 이름이기도 합니다. 일반적으로 가사가 노래 부르는 시가로 변할 때 잡가라 부릅니다. 〈유산가〉, 〈이팔청춘가〉 등의 잡가가 그 예라 할 수 있지요.

13 옛 문학의 발자취 2
우리 산문문학의 흐름

국어샘 길잡이

우리 할머니 어머니들이 즐겨하는 일 중의 하나는 텔레비전 드라마 감상입니다. 할머니와 어머니만이 아닙니다. 주변 사람들에게 물어보세요. 드라마에 빠진 적이 있는지. 대다수의 사람들이 하나 이상의 드라마를 들 거예요. 또 한 번 물어보세요. 어릴 때 옛날이야기나 동화를 좋아했었는지. 다 그렇다고 대답할 거예요. 왜 그렇게 드라마, 동화, 옛날이야기 등을 좋아할까요? 거기에는 이야기가 담겨 있기 때문입니다. 자신의 체험을 주로 이야기하는 수필에도 이야기가 담겨 있습니다. 이런 글들을 두루 일컬어 '산문문학'이라고 할 수 있습니다.

얼핏얼핏 우리는 입에서 입으로 전해지던 옛이야기를 들었고, 옛 노래에 얽힌 이야기도 들었습니다. 동화로 각색된 흥부와 놀부, 춘향, 심청의 이야기도 들었지요. 이 모두가 우리의 산문문학입니다.

우리 산문문학은 어떤 발자취를 남기며 현재에 이르렀을까요? 이제 우리 산문문학의 흐름을 살펴보기로 합시다.

01 고대의 산문문학	**(1) 설화** – 설화/ 신화, 전설, 민담의 구분/ 현전하는 설화 작품들
02 고려 시대의 산문문학	**(1) 패관문학** – 패관문학의 개념
	(2) 가전문학 – 가전문학의 개념/ 가전문학의 특징/ 가전문학 작품들
	(3) 설 – 설의 개념

03

조선 시대의
산문문학

(1) 고전소설

❶ **고전소설의 발생** : 전기적/ 서얼

❷ **고전소설의 특징** : 전형적 인물/ 평면적 인물/ 유, 불, 선의 사상적 배경/ 우연적 사건/ 일대기적 구성/ 행복한 결말/ 권선징악/ 주제의 양면성/ 운문체(전기수)/ 문어체

❸ **고전소설의 갈래와 작품들** : 한문소설/ 설화소설/ 군담소설/ 가정소설/ 우화소설/ 판소리계 소설

(2) 고전 수필

❶ **고전 수필의 개념과 특징**

❷ **고전 수필 갈래와 작품** : 궁중 수필/ 기행/ 제문/ 기담

(3) 판소리

❶ **판소리의 개념과 특징** : 창자/ 고수

❷ **판소리의 구성** : 창/ 아니리(사설)/ 추임새/ 발림(너름새)

❸ **판소리 작품들** : 판소리 12마당

❹ **판소리의 장단** : 진양조/ 중모리/ 중중모리/ 자진모리/ 휘모리/ 엇모리/ 엇중모리

(4) 민속극

❶ **민속극의 개념과 특징** : 민속극

❷ **민속극의 갈래** : 가면극/ 인형극/ 무극/ 창극

(1) 설화

▌**설화** │ 입에서 입으로 전해지는 이야기로 그 성격에 따라 신화, 전설, 민담으로 나눠집니다.

▌**신화, 전설, 민담의 구분**

구분	신화	전설	민담
전승자의 태도	신성하다고 믿음 → 신성미	진실하다고 믿음 → 진실미	흥미롭다고 믿음 → 흥미 위주
시간과 장소	아득한 옛날(태초), 신성한 장소	구체적인 시간과 장소	뚜렷한 시간과 장소가 없음
증거물	포괄적(우주, 국가 등)	개별적(바위, 지명 등)	보편적
주인공과 그 행위	신적 존재, 초능력 발휘	비범한 인간, 비극적 결말	평범한 인간, 운명 개척
전승 범위	민족적 범위	지역적 범위	세계적 범위

▌**현전하는 설화 작품들**

: **단군 신화(고조선)** │ 우리나라의 건국 신화로 '널리 인간을 이롭게 한다(홍익인간)' 는 이념이 담겨 있지요.

: **주몽 신화(고구려)** │ 활쏘기로 유명한 주몽 동명왕의 출생에서부터 건국에 이르기까지를 다룬 설화입니다.

: **박혁거세 신화(신라)** │ 나정 근처에서 발견한 알에서 태어나 여섯 마을 촌장들의 추대로 임금이 된 박혁거세의 신화입니다.

이 밖에도 〈삼국유사〉에는 '사복불언(사복이 말하지 않다)'이라는 불교적 설화, 아랑이라는 여성의 군센 정조를 그린 '도미설화', 향가에 얽힌 설화 등 여러 설화가 실려 있습니다.

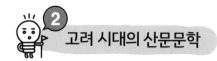

2 고려 시대의 산문문학

(1) 패관(稗官)문학

▌**패관문학의 개념** │ '패관'이란 중국 한나라의 관직 이름입니다. 거리에 떠돌던 이야기를 모으던 관리지요. 고려 시대에도 패관이 있었습니다. 민간에 전해져 오는 이야기나 떠도는 이야기를 채록하여 문헌에 실었습니다. 이 과정에서 채록한 사람의 생각 등이 덧보태지기도 했습니다. 이렇게 모아져 기록된 문학을 패관문학이라고 합니다. 패관문학은 가전체문학을 거쳐 소설문학으로 이어진다고 볼 수 있지요.

(2) 가전(假傳)문학

▌**가전문학의 개념** │ 가전이란 말뜻은 가짜 전기라고 할 수 있습니다. 어떤 사물을 역사적 인물처럼 의인화하여 그 집안 내력, 생애, 성품과 업적 등을 기록하는 전기 형식의 글을 말합니다. 전기 형식을 띠고 있으나 실제 전기가 아닌 사물을 의인화하여 꾸며낸 것이기에 가전이라고 부릅니다.

▌**가전문학의 특징** │ 가전문학은 사물을 사람처럼 표현하는 의인화가 가장 큰 특징입니다. 사물을 주인공으로 한 것은 무신난 이후 사대부들의 의식과 관련이 있다고 해요. 즉 객관적인 사실을 중요시하기에 사물에 대한 관심을 가졌고 이를 통해 인간생활을 보려는 합리적인 정신에서 비롯되었다는 것이지요. 가전은 사람들에게 교훈을 주는 것을 목적으로 하여 풍자성을 지니게 됩니다. 또한 설화와 소설의 다리 역할을 한다는 점에서 문학사적 의의가 있습니다.

▌**가전문학 작품들**

: **국순전(임춘)** │ 술을 의인화하여 술의 역사를 이야기하고, 술의 특성을 사람처럼 표현하여 술이 사람에게 미치는 영향을 부정적으로 평가하고 있습니다.

: **공방전(임춘)** │ 둥근 형태와 네모난 구멍을 공방으로 표현하여 돈을 의인화한 작품. 재물을 탐하는 인간 세태를 경계하고 있습니다.

: 국선생전(이규보) | 국순전의 영향을 받은 작품입니다. 술과 누룩을 의인화한 점에서는 국순전과 유사하나 술의 긍정적인 면을 보여주면서 군자의 처신을 말하고 있다는 점에 차이가 있지요.

: 죽부인전(이곡) | 대나무를 의인화하여 절개있는 부인에 비유하여 쓴 작품입니다. 절개의 중요성을 강조하고 있지요.

(3) 설

▌ **설(說)의 개념** | '설'은 한문 산문의 한 종류입니다. 경험적 사례를 바탕으로 유추하여 이치에 따라 사물을 해석하고, 옳고 그름을 따지면서 자기 견해를 덧붙이는 형태이지요. 거울을 통해 삶의 의미를 이야기한 〈경설〉, 행랑채를 수리하는 과정에서 얻은 깨달음을 이야기한 〈이옥설〉, 말을 빌린 이야기에서 소유의 의미를 이끌어낸 〈차마설〉 등 여러 설 작품이 있습니다. 조선 시대에도 종종 창작되었고, 권근의 〈주옹설〉 등이 널리 알려져 있습니다. 고등학교에 가면 여러 편의 설 작품을 만날 수 있을 거예요.

3 조선 시대의 산문문학

(1) 고전소설

고전소설은 설화를 바탕으로 하여 우리 패관문학이나 가전문학 등을 거쳐 형성되었습니다. 고전소설은 갑오개혁 이전까지의 소설을 말합니다.

❶ 고전소설의 발생

훈민정음이 널리 사용된 것은 조선 후기이므로 우리나라 소설의 출발은 한문소설이었습니다. 흔히 김시습의 한문소설인 〈금오신화〉를 최초의 작품으로 치고 있습니다. 우리 설화의 전통 위에 중국 전기소설인 〈전등신화〉의 영향을 받아 이루어졌다고 볼 수 있습니다.

최초의 한글소설이라 할 수 있는 작품은 광해군 때 허균이 지은 〈홍길동전〉입니다. 서얼 차별 철폐와 탐관오리에 대한 응징을 담은 사회소설입니다.

▎전기적 비현실적이고 신비로우며 기이한 성질을 가리킵니다.

▎서얼 서자와 얼자를 일컬어 하나의 신분처럼 일컫는 말입니다. 둘 다 첩의 자식이지만 서자는 양민 첩의 자식이고, 얼자는 천민 첩의 자식을 말합니다. 홍길동의 어머니가 몸종이니 얼자에 해당하겠지요.

❷ 고전소설의 특징

    고전소설의 특징은 한문소설과 한글소설이 조금 다르게 나타납니다. 한문소설은 전기적인 내용을 다루기도 하며 배경이 중국인 소설도 많습니다. 주제나 결말도 다양하지요. 한글소설은 배경이 주로 우리나라이며 권선징악, 일대기 구성, 행복한 결말 등의 특성을 보입니다. 고전소설의 일반적 특성을 나타내는 개념들을 통해 고전소설의 인물, 배경, 사건, 주제 등을 두루 살펴보기로 해요.

▎전형적 인물 주인공을 돋보이도록 주인공은 모든 것을 갖춘 인물로 그려지고, 이에 대응하는 인물은 성격이나 외모 면에서 열등하게 그려집니다.

▎평면적 인물 인물의 성격이 처음부터 끝까지 거의 변하지 않습니다.

▎유, 불, 선의 사상적 배경 유교적인 충효사상이 작품의 주를 이루고, 민간에 널리 퍼진 도교와 불교적 요소들이 곳곳에 보입니다.

▎우연적 사건 현대소설처럼 치밀한 인과 관계에 의한 전개가 아닌, 사건의 앞뒤가 우연히 맞아 전개되는 경우가 많습니다.

▎일대기적 구성 주인공이 태어나서 죽을 때까지의 사건이 시간 순서대로 차례로 전개됩니다.

▎행복한 결말 한문소설 몇 작품이나 〈운영전〉 같은 작품을 제외하고는 대부분의 작

품이 행복한 결말을 맺습니다.

┃권선징악┃ 착한 사람은 복을 받고 악한 사람은 벌을 받는다는 생각이 작품 전반에
깔려 있습니다.

┃주제의 양면성┃ 특히 판소리계 소설을 보면 주제를 두 측면에서 파악해 볼 수 있습
니다. 이를 표면적 주제, 이면적 주제라 부릅니다. 예를 들어 〈춘향전〉의 경우 표면적
주제는 유교적 사상인 '절개'라 볼 수 있지만 조금 더 내용을 파고 들어보면 '부정부패
한 관리에 대한 비판과 평등 의식'이라는 진보적 주제를 읽어낼 수 있지요. 〈토끼전〉
도 겉으로는 자라의 충성심이 드러나지만 속에는 약자에 대한 옹호와 권력자에 대한
비판이 담겨 있습니다.

┃운문체┃ 한글소설의 경우 4 · 4조의 운문체, 낭송하기 좋은 구송체입니다. 여러 사
람이 둘러 앉아 이야기꾼(전기수)에게 이야기를 들었기에 이 같은 문체를 사용하게 되
었지요.
: **전기수┃** 조선 말기에 직업적으로 소설을 읽어주던 사람

┃문어체┃ 일상생활에서 말할 때 사용하는 구어체가 아니라 글을 쓸 때 사용하는 문어
체를 씁니다.

❸ 고전소설의 갈래와 작품들

기록 수단에 따라 한문소설, 한글소설로 나누기도 하고, 내용에 따라 군담소설, 사
회소설, 애정소설, 가정소설, 풍자소설, 우화소설 등으로 나눕니다. 또 전개 과정 등
에 따라 설화소설, 판소리계 소설 등 일정한 기준 없이 다양하게 나누고 있습니다.

┃한문소설┃ 한문으로 기록된 소설을 말합니다. 김시습의 〈금오신화〉를 비롯하여 박
지원의 한문소설들이 널리 알려져 있습니다

: **금오신화** 김시습이 경주의 금오산에 숨어 살며 지은 소설이라고 전해지고 있습니다. 다섯 편의 독립된 단편들이 이 작품 속에 묶여 있습니다. 왜구에게 죽임을 당해 귀신이 된 처녀와 선비의 사랑을 그린 〈만복사저포기〉, 최 처녀와 이생이 인연을 맺고 결혼했다가 홍건적의 난으로 부인이 죽은 뒤 다시 나타나 못 다한 사랑을 이어간 〈이생규장전〉, 홍생이 하늘의 선녀와 만난 이야기인 〈취유부벽정기〉, 한생이 용왕과 만난 〈용궁부연록〉, 박생이 염라대왕과 만나 이야기를 나누고 그 자리를 잇게 된 〈남염부주지〉 등의 작품이 있습니다.

: **호질(박지원)** 호랑이가 위선적인 선비인 북곽 선생을 꾸짖으며 도학자들의 위선을 폭로, 풍자하는 작품입니다.

: **허생전(박지원)** 북벌론의 허위와 양반의 허례허식 등을 비판한 작품입니다.

: **양반전(박지원)** 양반의 무능과 부패상을 폭로한 작품입니다.

: **광문자전(박지원)** 거지인 광문자를 통해 양반 사회를 간접적으로 비판한 작품입니다.

▌**설화소설** 근원설화에 뿌리를 둔 소설로 〈흥부전〉은 방이설화, 〈심청전〉은 효녀지은설화, 〈토끼전〉은 구토지설 등의 근원설화가 있습니다.

▌**군담소설** '군담'이란 군대 이야기입니다. 군담소설은 전쟁터에서 주인공이 영웅적인 활약상을 보이는 소설을 말합니다. 〈조웅전〉, 〈유충렬전〉 등의 소설이 있습니다.

▌**가정소설** 가정 내의 갈등과 화합 등 가정 내의 문제를 소재로 삼고 있는 소설입니다. 〈장화홍련전〉, 〈사씨남정기〉, 〈창선감의록〉 등의 소설이 이에 해당합니다.

▌**우화소설** 동물을 의인화하여 사람들의 삶을 빗대어 풍자한 소설입니다. 〈장끼전〉, 〈토끼전〉, 〈두껍전〉 등이 있습니다.

▌**판소리계 소설** 판소리로 불리던 소설을 말합니다. 판소리계 소설은 근원설화를 갖고 있고, 판소리로 불리다가 소설로 정착되는 과정을 거칩니다. 〈춘향전〉은 열녀설화, 암행어사설화 등의 근원설화가 있으며, 판소리 〈춘향가〉로 부르다가 고전소설 〈춘향전〉이 되었습니다. 후에 〈옥중화〉라는 신소설로 개작되기도 하였습니다. 〈토끼전〉, 〈흥부전〉, 〈심청전〉 등도 판소리계 소설입니다.

(2) 고전 수필

❶ 고전 수필의 개념과 특징

수필은 고려 시대부터 창작되어 '설'과 같은 장르가 남아 있습니다. 그러나 우리가
흔히 수필이라 부르는 작품들은 한글이 널리 보급된 17세기경부터 활발하게 창작되
었다고 볼 수 있습니다. 일기, 기행, 회고록, 수기, 내간(부녀자의 편지), 궁중 수필 등
다양한 형태의 수필들이 선을 보였습니다.

❷ 고전 수필 갈래와 작품

▮ **궁중 수필** │ 궁중에서 일어난 역사적 사건을 체험한 당사자들의 기록으로 〈계축일기〉,
〈한중록〉, 〈인현왕후전〉 등의 작품이 있습니다.

　　: **계축일기** │ 어느 궁녀의 글로 광해군이 선조의 계비인 인목대비의 아들 영창대군을
　　죽이고 대비를 폐하여 서궁에 감금했던 사실을 기록한 글이에요.

　　: **한중록** │ 혜경궁 홍씨가 남편인 사도세자의 비극과 자신의 생애를 기록한 자서전적
　　수필이에요.

　　: **인현왕후전** │ 인현왕후의 폐비 사건과 숙종과 장희빈과의 관계를 담은 어느 궁녀의
　　글이에요.

▮ **기행** │ 〈열하일기〉의 여러 글, 〈연행록〉 등 여행의 기록을 바탕으로 쓴 글을 말합니다.

　　: **의유당일기** │ 함흥 판관으로 부임한 남편을 따라가 그 부근의 명승 고적을 찾아다
　　니며 보고 느낀 것을 적은 글로 해돋이의 장관을 그린 〈동명일기〉가 널리 알려져 있습
　　니다.

▮ **제문** │ 제사 지낼 때 쓰는 축문 형식의 글로 〈조침문〉이라는 글이 널리 알려져 있습
니다.

　　: **조침문** │ 자식 없는 미망인인 유씨 부인이 바느질로 생계를 이어가다가 바늘이 부러
　　지자 그 섭섭한 감회를 적은 글이에요.

▮ **기담** │ 기이한 이야기라는 뜻입니다. 과거를 보며 겪은 일을 쓴 박두세의 〈요로원야

화기〉나 규방의 바느질 도구를 의인화한 〈규중칠우쟁론기〉 등 독특한 소재의 수필 등이 눈에 띕니다.

: 요로원야화기 │ 선비들의 병폐를 대화체로 파헤친 풍자 문학입니다.

: 규중칠우쟁론기 │ 부인들이 쓰는 바늘, 자, 가위, 인두, 다리미, 실, 골무 등이 서로의 공을 다투는 의인체의 글로, 작자는 알려져 있지 않습니다.

(3) 판소리

❶ 판소리의 개념과 특징

판소리는 음악과 문학이 결합된 우리 고유의 문학 장르이며 음악 장르라 할 수 있습니다. 창자(唱者) 1인과 고수(鼓手) 1인이 여러 사람을 상대로 노래를 통해 이야기를 들려주는 예술입니다.

판소리는 전문성과 다양성을 지닌 예술입니다. 판소리를 부르는 창자는 소리를 하기 위해 피나는 훈련을 거쳐야 합니다. 전문직업인이라 할 수 있지요. 또한 판소리는 표현이나 구성 원리가 다양합니다. 음악과 문학의 결합으로 다채로운 구성 요소를 지닙니다. 공연 예술로서 동작까지 곁들여집니다. 판소리를 누렸던 층도 다양합니다. 서민층에서 양반층에 이르기까지 폭넓게 향유되어 지금까지 명맥을 유지하는 우리 민족 예술이기도 합니다.

▎**창자** │ 소리꾼이라고도 하지요. 판소리에서 창과 아니리 등을 통해 판소리 공연을 중심적으로 수행하는 사람을 말해요.

▎**고수** │ 북이나 장구를 치는 사람. 판소리에서는 판소리 창자를 도와 북을 치며 장단을 맞추는 역할을 합니다.

❷ 판소리의 구성

▎**창** │ 판소리에서 노래로 부르는 부분을 가리킵니다.

▎**아니리(사설)** │ 창이 아닌 내용을 설명하는 말로, 창 도중에 이야기하는 말을 가리킵니다.

▎**추임새** │ 판소리 공연 도중 들어가는 탄성을 추임새라고 합니다. 고수의 추임새와 관

중의 추임새가 있습니다. 고수는 장단에 맞춰 탄성을 지르거나 북을 쳐서 소리의 공백을 메우기도 하고 흥을 돋우기도 합니다. 관중들도 판소리를 들으며 자신의 감흥을 자연스럽게 '얼쑤', '그렇지' 등의 감탄사를 통해 표현합니다.

▎**발림(너름새)** ┊ 창자가 하는 보조 동작입니다. 판소리 장면을 나타내는 동작을 함으로써 관중들이 판소리의 내용을 쉽게 이해하도록 돕는 구실을 합니다.

❸ 판소리 작품들

판소리에 열두 마당, 여섯 마당, 다섯 마당 등의 용어가 있습니다. 판소리 한 편을 '마당'이라고 하기도 하지요. 원래 여러 마당의 판소리가 있었을 것이라 여겨지지만 정리 과정에서 열둘로 정리되고 19세기에는 여섯 마당으로 줄었으며 오늘날에는 다섯 마당만 전합니다.

▎**판소리 12마당** ┊ 〈춘향가〉, 〈심청가〉, 〈흥보가〉, 〈수궁가〉, 〈적벽가〉, 〈변강쇠타령〉, 〈배비장타령〉, 〈강릉매화전〉, 〈옹고집전〉, 〈장끼타령〉, 〈무숙이타령〉, 〈숙영낭자전〉 등입니다. 〈무숙이타령〉과 〈숙영낭자전〉 대신 〈왈자타령〉, 〈가짜신선타령〉 등을 넣기도 합니다.

❹ 판소리의 장단

판소리의 창에는 곡조가 있습니다. 이에 쓰이는 장단은 진양조, 중모리, 중중모리, 자진모리, 휘모리, 엇모리, 엇중모리 등입니다. 극적 상황에 따라 달리 쓰이지요.

▎**진양조** ┊ 가장 느린 장단이므로 사설의 내용이 한가하고 슬픈 내용일 때 사용됩니다.
▎**중모리** ┊ 중간 빠르기의 장단으로 안정감이 있습니다. 서정적인 대목이나 평탄한 서술에 쓰입니다.
▎**중중모리** ┊ 춤을 추는 듯한 흥겨운 느낌의 장단이므로 춤추는 장면이나 활발하게 걷는 장면 등에 쓰입니다.
▎**자진모리** ┊ 보통 빠르기의 장단으로 무언가를 나열하거나 길게 설명할 때 자주 쓰입니다. 〈춘향가〉에서 어사출두 장면이 자진모리 장단입니다.

▌**휘모리** │ 매우 빠른 장단으로 극적인 상황이 분주하게 벌어지는 대목에서 사용됩니다. 〈심청가〉에서 심청이 물에 빠지는 장면이나 〈흥보가〉에서 돈과 쌀 털어내는 대목 등이 휘모리 장단입니다.

▌**엇모리** │ 3박자와 2박자가 혼합된 장면으로 매우 빠른 장단입니다. 신비스러운 장면을 묘사하거나 범상한 인물의 등장 등에 사용됩니다. 〈수궁가〉의 범 내려오는 장면, 〈심청가〉의 중타령 등이 이 장단입니다.

▌**엇중모리** │ 판소리 뒤풀이에 흔히 쓰이는 장단입니다.

(4) 민속극

❶ 민속극의 개념과 특징

▌**민속극** │ 민속극이란 우리나라 전통의 극예술로, 탈이나 인형 등으로 가장한 배우가 대화와 몸짓으로 사건을 풀어가는 형태의 예술입니다. 삼국 시대의 오기, 처용무 등에 그 뿌리를 두고 있다고 합니다. 조선 후기 평민 의식의 발달과 더불어 정립되어, 서민의 삶을 생생하게 드러내며 비판 의식을 담고 있습니다.

❷ 민속극의 갈래

▌**가면극** │ 연기자가 가면을 쓰고 하는 극으로 지역마다 명칭이 조금씩 다릅니다.

　　: 산대놀이 │ 서울 및 서울 근처의 가면극

　　: 봉산탈춤 │ 황해도 일대에서 행한 가면극

　　: 오광대 │ 경남 지방에 분포된 가면극으로 다섯 광대 또는 다섯 과장과 관련하여 오광대란 이름이 붙음.

　　: 야유(들놀음) │ 부산 근처에 분포된 가면극

▌**인형극** │ 꼭두각시놀음이라고도 해요. 현재 전해지는 인형극은 〈박첨지놀음〉입니다.

▌**무극** │ 굿을 하면서 연행되는 굿놀이를 말합니다.

▌**창극** │ 서양의 오페라처럼 판소리를 무대화한 극음악으로 국극이라고도 합니다.

14 울음소리가 들렸다
말을 이루는 모든 것들

국어샘
길잡이

아이가 이 세상에 태어나 가장 먼저 하는 일은 무엇일까요? 울음을 터뜨리는 일인 것 같습니다. 그 일은 이 세상에 나와 자기 삶을 알리는 동시에, 삶을 이어가기 위한 숨쉬기의 출발입니다. '나 이렇게 세상에 나왔어. 이제 이 세상을 살아갈 거야'라는 의사 표현일 것입니다.

이 울음소리에서 시작하여 옹알거리는 소리, 말인 듯하지만 그 뜻을 알 수 없는 소리들을 거쳐 아기는 말을 합니다. 사회 구성원들이 서로 의사를 주고받을 수 있는 뜻있는 소리, 그것이 말입니다. 말은 국어 공부의 기초랍니다. 그런데 왜 이리 모르는 말들이 많을까요? 음성과 음운, 음절은 무엇이고 어떻게 다른지, 말을 할 때 내는 소리의 규칙들에는 어떤 것들이 있는지…. 자, 이번 장은 말에 관한 공부입니다.

01 말소리의 기본	(1) 음성과 음운 – 음성/ 음운/ 음절
	(2) 자음과 모음
02 우리말 음운 현상의 특징	– 모음조화/ 두음법칙/ 음상의 발달
03 우리말 음운의 규칙들	(1) 음절의 끝소리 규칙
	(2) 음운의 교체(交替)
	(3) 음운의 탈락(脫落)
	(4) 음운의 첨가(添加)
	(5) 음운의 축약(縮約)
04 언어의 특성	– 기호성/ 규칙성/ 창조성/ 사회성/ 역사성

1 말소리의 기본

(1) 음성과 음운

▌**음성** | 인간의 발음기관을 통해 발생되어 실제 쓰이는 말소리입니다. '저 사람은 목소리가 가늘고 높아', '그 애는 중저음의 목소리를 가졌어'라고 말할 때 그 목소리가 '음성'입니다. 사람의 말소리나 목소리지요. 하지만 국어에서 '음성'이라고 할 때는 그냥 목소리가 아니라 발음기관을 통해 나오는 구체적인 말소리를 뜻합니다.

▌**음운** | 말의 뜻을 구별해 주는 소리의 가장 작은 단위입니다. 모음과 자음으로 나눕니다. 여기서 이런 질문이 나오지 않을까요?

"누군가 '[k]'라는 소리를 내면 그것은 음성이에요, 음운이에요?"

그의 목소리로 나오는 [k]라는 소리는 음성이지요. 그러나 일반적으로 사람들이 말하는 [k]소리는 음운입니다. 자, 철수가 소리 내는 [k]와 영희가 소리 내는 [k]는 각각 다른 음성입니다. 하지만 그것은 모두 [k]라는 음운이지요.

음운은 분절 음운과 비분절 음운으로 나눕니다. 분절 음운은 마디를 나눌 수 있는 것으로 자음과 모음을 가리킵니다. 비분절 음운은 소리의 길이, 억양 등을 가리키지요.

▌**음절** | 자음과 모음이 만나 소리의 한 덩어리를 이루는 것을 말합니다. 자음이나 모음만으로는 소리가 완전하지 않으니까요. 즉 음절은 자음과 모음이 만나 소리를 내는 최소 단위라 할 수 있지요. 우리나라 사람의 이름은 대개 3음절이네요. '원빈', '선우용녀'처럼 2음절, 4음절의 이름도 있지만.

(2) 자음과 모음

❶ **자음(子音)** : 자, 목청에서 공기를 뿜어보세요. '아'라고 소리 내 봅시다. 아무런 방해를 받지 않습니다. 목청이 조금 떨릴 뿐이지요. 그런데 두 입술을 붙였다 떼면서 '아'라고 하면 '바' 소리가 날 거예요. 공기의 흐름이 소리를 내는 여러 기관 (입술, 이, 목구멍, 코, 혀)에서 장애를 받으면 여러 소리가 나게 되지요. 이것이 바로 자음입니다. 현

대 국어의 자음 체계는 다음과 같습니다.

조음(소리를 만드는) 위치 / 조음 방법		두 입술	윗잇몸, 혀끝	센입천장, 혓바닥	여린입천장, 혀 뒤	목청 사이
파열음	예사소리	ㅂ	ㄷ		ㄱ	
	된소리	ㅃ	ㄸ		ㄲ	
	거센소리	ㅍ	ㅌ		ㅋ	
파찰음	예사소리			ㅈ		
	된소리			ㅉ		
	거센소리			ㅊ		
마찰음	예사소리		ㅅ			ㅎ
	된소리		ㅆ			
비음		ㅁ	ㄴ		ㅇ	
유음			ㄹ			

▎**파열음** ｜ 폐에서 나오는 공기를 막았다가 터뜨리면서 나는 소리 (ㅂ, ㅃ, ㅍ, ㄷ, ㄸ, ㅌ, ㄱ, ㄲ, ㅋ)

▎**파찰음** ｜ 파열음과 마찰음의 성질을 다 갖고 있는 소리 (ㅈ, ㅉ, ㅊ)

▎**마찰음** ｜ 공기가 발음기관을 비집고 나오면서 내는 소리 (ㅅ, ㅆ, ㅎ)

▎**비음** ｜ 입안의 통로를 막고 코로 공기를 내보내면서 내는 소리 (ㅁ, ㄴ, ㅇ)

▎**유음** ｜ 혀끝을 잇몸에 가볍게 대었다가 떼거나, 잇몸에 댄 채 공기를 그 양옆으로 흘려보내면서 내는 소리 (ㄹ)

: **예사소리** ｜ 약하게 부딪히며 나오는 소리 (ㄱ, ㄷ, ㅂ, ㅅ, ㅈ)

: **된소리** ｜ 강하고 단단한 느낌을 주는 소리 (ㄲ, ㄸ, ㅃ, ㅆ, ㅉ)

: **거센소리** ｜ 숨이 거세게 나오는 소리 (ㅍ, ㅌ, ㅊ, ㅋ)

❷ **모음(母音)** : 폐에서 나온 공기가 목청 사이를 지나면서 마찰과 폐쇄에 장애 받지 않고 목청이 떨어 울리면서 나오는 소리입니다. 혀의 위치나 입술 모양에 따라 소리가 달라지지요.

단모음單母音 │ 발음할 때 만들어진 입술이나 혀의 모양이 도중에 바뀌지 않는 모음입니다. 현대 국어의 단모음 체계는 표와 같습니다.

혀의 앞뒤 입술의 모양 혀의 높이	전설(혀 앞) 모음		후설(혀 뒤) 모음	
	평순 (입술이 평평하게)	원순 (입술이 동그랗게)	평순	원순
고모음	ㅣ	ㅟ	ㅡ	ㅜ
중모음	ㅔ	ㅚ	ㅓ	ㅗ
저모음	ㅐ		ㅏ	

이중모음二重母音 │ 입술이나 혀의 모양이 소리 내는 도중에 달라지는 모음입니다. '왜'라는 소리를 내 보세요. '왜~~'라고 길게 발음하다 보면 ㅔ 소리를 내고 있네요. 국어의 이중모음은 ㅑ, ㅒ, ㅕ, ㅖ, ㅘ, ㅙ, ㅛ, ㅝ, ㅞ, ㅠ, ㅢ입니다. 11개로군요.

반모음半母音 │ 반드시 다른 모음에 붙어야 발음될 수 있는 모음입니다. 위의 이중모음을 만드는 'ㅣ[j]'와 'ㅗ/ㅜ[w]'를 반모음이라고 합니다.

② 우리말 음운 현상의 특징

모음조화 │ 양성 모음은 양성 모음끼리, 음성 모음은 음성 모음끼리 어울리려는 현상입니다. 15세기 중세 국어에서는 엄격하게 지켜졌지만 차츰 약화되고 있습니다.

: **양성모음** │ 밝고 가벼운 느낌을 주는 모음 (ㅗ, ㅏ)

: **음성모음** │ 어둡고 무거운 느낌을 주는 모음 (ㅜ, ㅓ)

: **중성모음** │ ㅣ

두음법칙 │ '두음'이란 첫소리란 뜻이에요. 첫소리의 법칙이라 불러도 되겠군요. 예를 들어볼게요. '노인'에서 '노'는 늙을 '로'자입니다. 그런데 단어 첫머리에 오니 '노'가 되었어요. 'ㄹ'이 단어의 첫머리에 올 때 'ㄴ'으로 바뀌는 거죠. '냐, 녀, 뇨, 뉴, 니' 같은 말도 첫머리에 오면 '야, 여, 요, 유, 이'로 바뀝니다. 물론 예외도 있어요. '리본', '라디오' 같은 외래어를 '니본' '나디오'라고 안 하니까요. 예 로동 → 노동, 녀자 → 여자

┃음상의 발달┃ 음상이란 한 단어 안에 표현하는 바가 다른 모음이나 자음이 교체됨으로써 어감의 차이를 가져오게 되는 것을 말합니다. '야위다'와 '여위다', '바삭'과 '파삭'과 '빠삭' 같은 것이지요. 그 차이로 인해 어감이 달라집니다. 의성어, 의태어에 그런 현상이 많이 나타나지요.

: 자음의 경우┃ 예사소리 〈 된소리 〈 거센소리의 순으로 강한 의미를 나타냅니다.

: 모음의 경우┃ 양성모음이 음성모음에 비해 작고, 가볍고 밝은 느낌을 줍니다.

"과자가 바삭바삭하구나." 하면 잘 구워졌다는 느낌이 들지요. '빠삭빠삭'하다면 조금 많이 구워져서 메마른 느낌이 들죠. '파삭파삭'하다면 지나치게 구워져서 물기도 없고 그대로 부서질 것 같은 느낌이 드네요.

아기가 웃을 때는 '방글방글' 웃는다고 해야 어울리지만 조금 큰 남자아이가 '방글방글' 웃으면 좀 어색하지요. '벙글벙글' 웃는 게 좋을 것 같습니다. 작은 고양이가 '살금살금' 다가오고, 늑대가 '슬금슬금' 다가와야 어울리겠죠.

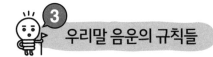

③ 우리말 음운의 규칙들

말소리를 내다보면 음운의 변동이 많이 일어납니다.

"나는 타임머신을 타고 신라 시대로 가서 한 노인(老人)을 만났습니다. 그 분은 넓은 길에서 떡을 드셨습니다. 이 없이 잇몸으로… 마소(말과 소)도 없어 친구와 같이 부축했습니다. 그 분은 '나를 놓고 가라'고 하셨지요."

이 말을 소리 나는 대로 적어볼까요.

"나는 타임머시늘 타고 실라 시대로 가서 한 노이늘 만낟습니다. 그 부는 기레서 떠글 드션습니다. 이 업시 인모므로… 마소도 업서 친구와 가치 부추캗습니다. 그 부는 '나를 노코 가라'고 하셔찌요."

와, 우리말을 소리 내어 읽다 보면 많은 변화가 일어나네요. 소리가 바뀌는 것도 있고, 어떤 소리는 없어지기도 하고, 다른 소리가 들어가기도 하고, 소리와 소리가 합쳐지기도 하네요. 위에서 소리 나는 대로 읽은 것은 막 읽은 것이 아니라 우리말의 음운 규칙에 따라 읽어본 것이랍니다. 물론 우리는 그 규칙을 배워 소리 내는 게 아니라 어느 틈에 익숙해졌기에 그렇게 소리 내는 것이지요. 단 네 문장이지만 우리말 음운의 변동 대부분이 들어 있답니다. 우리말 음운의 변동들에 대해 알아봅시다. 어렵지 않아요. '교체'라고 하면 바뀌는 것, '비음화'라고 하면 비음이 되는 것, '첨가'라고 하면 소리가 더 들어가는 것…. 말뜻을 그대로 따라 가면 됩니다.

(1) 음절의 끝소리 규칙

▍**음절의 끝소리 규칙** ▏국어에서 음절의 끝에서 발음되는 자음은 'ㄱ, ㄴ, ㄷ, ㄹ, ㅁ, ㅂ, ㅇ'의 일곱 개뿐입니다. 음절 끝에 이 일곱 소리 이외의 자음이 오면 이 일곱 자음 중의 하나로 소리 냅니다. '빛, 빗, 빚'을 소리 내 보세요. 모두 [빋] 소리로 납니다. 받침에서는 ㄷ, ㅅ, ㅈ, ㅊ, ㅆ 등의 대표 소리는 ㄷ이군요. 뒤에 다른 모음이 올 때는 제 소리를 되찾지만 말입니다. 잎[입], 잎이[이피]를 생각하면 됩니다.

자, 이 규칙을 정리해 볼까요.

@ 끝에 어떠한 자음이라도 올 수는 있지만 소리는 일곱 자음으로만 난다.

@ ㄱ, ㄴ, ㄷ, ㄹ, ㅁ, ㅂ, ㅇ이 7대표음이다.

@ ㅅ은 대표음 ㄷ으로, ㅂ, ㅍ은 대표음 ㅂ으로, ㄱ, ㅋ, ㄲ은 대표음 ㄱ으로 발음된다.

@ ㄷ, ㅌ, ㅈ, ㅊ, ㅅ, ㅆ, ㅎ은 대표음 ㄷ으로 발음된다.

(2) 음운의 교체(交替) – 소리가 바뀌어져요

▍**비음화** ▏앞 음절의 비음이 아닌 소리가 뒤의 비음을 만나 비음이 되는 현상이라고 생각하면 됩니다. 비음은 ㄴ, ㅁ! 그러다 보면 헷갈릴 때가 많겠어요. 어머니께서 "너 밥만 먹어라."라고 하셨다고 해요. '밥만'인지 '밤만'인지 잘 구별이 안 갈지도 몰라요. 물론 소리의 길고 짧음이 있긴 하지. 예 밥만[밤만], 닫는[단는], 잡는[잠는]

▍**유음화** ▏유음은 'ㄹ'입니다. ㄹ이 되는 현상이군요. ㄴ과 ㄹ이 만나거나 거꾸로 ㄹ과 ㄴ이 만날 때 'ㄴ'이 'ㄹ'로 바뀌는 현상입니다. 예 신라[실라], 찬란 [찰란], 칼날[칼랄]

▍**구개음화** ▏'구개음'이 된다는 말이지요. 'ㅈ, ㅉ, ㅊ'이 구개음입니다. 'ㄷ, ㅌ'이 'ㅣ'가 들어가는 모음을 만나면 'ㅈ, ㅊ'으로 바뀌는 현상을 구개음화라고 합니다. 예전에 어

떤 시험 문제에 '미닫이를 소리 나는 대로 적으시오.'라는 문제가 있었답니다. 구개음화를 묻는 문제지요. 답은 [미다지]겠지요. 구개음화가 일어나니까요. 그런데 어느 학생이 '드르륵'이라고 적었대요. 미닫이문을 여는 소리를 적은 거지요. 이 학생의 답은 맞았을까요, 틀렸을까요? 여러분이 판단해 보세요. 예 해돋이[해도지], 같이[가치]

▎**모음동화 (ㅣ 모음동화)** ┃ ㅣ모음 앞뒤의 모음이 ㅣ모음을 닮아 ㅣ모음과 비슷한 전설모음으로 변하는 현상이다. 그러나 표준 발음법으로는 인정받지 못합니다.

(3) 음운의 탈락(脫落) – 소리가 떨어져 나가요

두 음운이 만나면서 한 음운이 아예 사라져 소리가 나지 않는 현상을 말해요. 용언이 활용될 때 또는 낱말과 낱말이 합쳐질 때에 이러한 현상이 종종 나타납니다.

❶ 자음 탈락

▎**ㄹ 탈락** ┃ ㄴ, ㄷ, ㅅ, ㅈ 앞에서 'ㄹ'이 탈락하는 경우입니다. 말과 소를 합쳐서 말을 만들었어요. '말소'! 그런데 '마소'가 되었지요. ㄹ이 떨어져 나갔습니다.

　　　예 바늘 + 질 → 바느질, 아들 + 님 → 아드님, 울+짖다 → 우짖다

▎**ㅅ 탈락** ┃ 모음 앞에서 'ㅅ'이 탈락하는 경우입니다.

　　　예 긋+어 → 그어, 낫+아 → 나아

▎**ㅎ 탈락** ┃ 모음이나 'ㄴ' 앞에서 'ㅎ'이 발음되지 않는 경우입니다. '너 나 좋아해?' [너나 조아해] 어디로 갔을까요. 'ㅎ' 소리는? 사라졌네요. 이것이 ㅎ 탈락입니다.

　　　예 놓으면[노으면], 괜찮아[괜차나]

❷ 모음 탈락

▎**'으' 탈락** ┃ 어미 '-아/-어' 앞에서 '으' 탈락 예 쓰+어 → 써

▎**'우' 탈락** ┃ 어미 '-어' 앞에서 '우' 탈락 예 푸+어 → 퍼

▎**'어' 탈락** ┃ 어미 '-ㅔ/-ㅐ' 뒤에서 '어'가 탈락 예 깨+어 → 깨

▎**'아' 탈락** ┃ '하다'의 어간 '하'에서 '아' 탈락 예 흔하+지 → 흔치

| 동음 탈락 | 이어진 같은 소리의 모음 중 뒷모음 생략 **예** 가+아 → 가

(4) 음운의 첨가(添加) – 소리가 덧붙어요

| 사잇소리 현상 | 두 개의 말이 합해질 때 뒤의 예사소리가 된소리로 변하거나, 'ㄴ' 소리가 덧나는 현상을 말합니다. '물가'는 '물'과 가장자리라는 뜻의 '가'가 합해진 말입 니다. [물까]로 소리 냅니다. 예사소리가 된소리로 되었지요. 잇몸은 '이'와 '몸'이 합해 졌어요. 사이 ㅅ이 들어가서 잇몸이 되었지요. [인몸], ㄴ소리가 덧붙었네요. 자, 사잇 소리 현상이 나는 경우를 하나하나 짚어볼까요.

: 합성 명사를 이룰 때, 앞말의 끝소리가 울림소리(모음, ㄴ, ㄹ, ㅁ, ㅇ)이고 뒷말의 첫소 리가 안울림예사소리(ㄱ, ㄷ, ㅂ, ㅅ, ㅈ)일 때, 뒤의 예사소리가 된소리로 변하는 경우

예 밤+길 → 밤길[밤낄], 봄+비 → 봄비[봄삐],

배+사공 → 뱃사공[배싸공], 초+불 → 촛불[초뿔], 시내+가 → 시냇가[시내까]

: 앞말이 모음으로 끝나고 뒷말이 'ㄴ, ㅁ'으로 시작될 때 'ㄴ'소리가 덧나는 경우

예 이+몸(잇몸) [인몸], 코+날(콧날) [콘날]

: 뒷말이 모음 'ㅣ'나 반모음 'ㅣ'로 시작될 때에, 'ㄴ', 또는 'ㄴㄴ'이 덧나는 경우

예 논+일 → 논일[논닐], 물+약 → 물약[물냑 → 물략],

아래+니(이) → 아랫니[아랜니], 나무+잎 → 나뭇잎[나문닙]

: 두 단어를 이어서 한 마디로 발음할 때 'ㄴ, ㄴㄴ'이 덧나는 경우

예 한 일[한닐], 옷 입대[온닙때]

| 사이시옷을 적는 경우 |

: 합성어의 요소 중 하나 이상이 고유어이면서, 앞말이 모음으로 끝나고, 뒷말의 첫소리 가 된소리로 나거나 앞말과 뒷말 사이에 'ㄴ' 또는 'ㄴㄴ'이 덧나는 경우

❶ 된소리로 나는 경우 : 냇가, 모깃불, 귓병, 전셋집

ⓛ 'ㄴ'이 덧나는 경우 : 아랫니, 냇물, 제삿날

ⓓ 'ㄴㄴ'이 덧나는 경우 : 뒷일, 나뭇잎, 예삿일

: 다음에 제시하는 2음절 한자어 – 곳간, 셋방, 숫자, 찻간, 툇간, 횟수

(5) 음운의 축약(縮約) – 소리가 줄어들어요

┃ 거센소리되기 ┃ 'ㅎ'과 'ㄱ, ㄷ, ㅂ, ㅈ'이 만나면, 'ㅋ, ㅌ, ㅍ, ㅊ'과 같은 거센소리로 변하는 현상입니다. ⓔ 막혀[마켜], 좁히다[조피다], 놓고[노코]

┃ 음절 축약 ┃ 'ㅣ'와 'ㅓ'가 만나서 'ㅕ'로 바뀌거나, 'ㅗ, ㅜ'가 'ㅏ, ㅓ' 앞에서 'ㅘ, ㅝ'로 바뀌는 현상입니다. ⓔ 오아 → 와, 두어 → 둬

④ 언어의 특성

어느 국어 시간에 토론이 벌어졌어요.

'말을 하는 것은 인간만이 아니다.' vs '인간만이 말을 할 수 있다.'

'말을 하는 것은 인간만이 아니다.' 팀은 새장 속의 앵무새와 꿀을 발견한 벌이 춤추면서 그 위치와 거리를 알려주었던 예를 들었어요. 이에 대해 반대 팀은 이런 주장을 펴네요.

@ 앵무새는 배운 말만 한다. 자기가 만들어서 말하지 못한다.

@ 앵무새가 말한다고 해서 주인과 의사소통할 수는 없다.

@ 꿀벌의 춤은 말이 아니라 본능적인 표현 수단일 뿐이다.

아하, 이 팀은 인간의 언어가 가진 특성을 잘 파악하고 있는가 봅니다. 언어의 특성은 기호성, 규칙성, 창조성, 사회성, 역사성으로 정리할 수 있습니다.

┃ 기호성 ┃ 기호란 '어떠한 뜻을 나타내거나 사물을 지시하기 위해 쓰이는 부호나 그림, 문자 따위를 통틀어 이르는 말'입니다. 언어는 인간이 서로의 뜻을 주고받는데 쓰이는 기호지요. '사과'라는 소리나 문자는 '색깔이 붉거나 푸르고 달콤하며 아삭거리는

바로 그 과일(사과)'을 나타내는 기호입니다. 영어를 쓰는 사람들은 '애플'이라 하고 프랑스어를 쓰는 사람들은 '뽐므'라고 합니다. 즉 언어의 말소리와 의미 사이에는 필연적인 관련이 없습니다. 그래서 언어마다 그 결합 양상이 달라지며 이를 언어의 '자의성'이라 하지요.

▎규칙성 "안녕하시렵니까?", "우리 어제 갈 겁니다", "나는 영수를 이것을 주었다."

이런 말을 들으면 웃음이 나거나 고개를 절래절래 흔들겠지요. 규칙을 어긴 비문(틀린 문장)이니까요. 말은 그 나름의 규칙이 있답니다. 이를 언어의 규칙성이라 하지요.

▎창조성 앵무새가 몇 개의 단어나 문장을 말할 줄 안다고 해서 인간의 말을 할 줄 안다고 하긴 어렵습니다. 그대로 따라 하는 것이니까요. 인간은 몇 개의 음운이나 단어로 수많은 문장을 말할 수 있습니다. 우리가 하는 말이나 글을 생각해 보세요. 앵무새의 말과는 다릅니다. 그때 그때 상황에 맞게 만들어내니까요. 이것이 언어의 창조성입니다.

▎사회성 '밥'과 '똥'을 반대로 알고 있는 사람이 있다면 어떻게 될까요?

"아, 배고파. 똥 먹어야겠어.", "헛, 밥이 마려워. 화장실 갔다 올게."

언어는 같은 언어를 쓰는 사람들 사이의 약속입니다. 그 약속은 한날 한시에 이렇게 하자 해서 만들어진 것은 아닙니다. 은연중 그런 약속이 성립된 거지요. 누군가 마음대로 이제부터 '밥'을 '똥'이라고 바꾸어 쓰면 말하고자 하는 바를 제대로 전할 수 없습니다.

▎역사성 언어는 세월의 흐름에 따라 말소리와 의미가 변하거나 문법 요소에 변화가 생깁니다. 이것이 언어의 역사성입니다. 옛 문학을 읽다 보면 외계 언어 같아서 이해하기 힘들 때가 많습니다. 15세기의 훈민정음 서문을 읽을 때도 뜻이 변한 말들을 여럿 만납니다. '어리석은 백성'을 15세기에는 '어린 백성'이라고 했네요. 받침에 쓰는 ㅇ도 지금과 다르구요, '불쌍하게 여겨'라는 말도 그때는 '어엿비 너겨'라고 했네요. 소리가 변하기도 하고, 뜻이 변하기도 하고, 표기가 변하기도 합니다.

15 단어에 담긴 세상
형태소, 단어, 품사

어느 국어 시간의 풍경입니다. 선생님이 학생들에게 물었습니다.

"여러분, 지금 머릿속에 떠오르는 단어가 있나요? 곰곰이 생각하지 말고 가장 먼저 떠오르는 단어를 이야기해 보세요."

밥, 피자, 잠, 사랑, 엄마, 노래방, 게임….

"지금 여러분이 무슨 생각을 하는지 알겠어요. 배가 고프거나 졸리거나, 엄마가 보고 싶거나, 놀고 싶거나 한 거네요. 사춘기 청소년들답게 누군가를 사랑하고 싶다는 생각도 보이구요. 그런데 여러분이 든 단어는 다 무언가를 가리키는 말들이네요. 움직임이나 상태는 없나요?"

먹다, 졸다, 자다, 놀다, 때리다, 예쁘다, 착하다, 크다, 멋지다….

"와! 먹고 싶고, 자고 싶고, 놀고 싶다는 생각엔 변함이 없군요. 예쁜 여학생, 멋진 남학생 만나서 사귀고 싶다는 생각하구요."

선생님과 아이들 모두 웃음을 터뜨렸습니다. 우리 머릿속에 떠오른 단어들에 담긴 우리의 생각이 확실했기 때문이지요.

선생님이 말을 이었습니다.

"지금 여러분은 움직임이나 상태를 나타내는 단어를 말했지만 그런 단어만 있는 건 아니죠? 숫자를 나타내는 단어도 있고, '아'처럼 감탄을 뜻하는 단어도 있고, 의미 없는 것 같지만 단어를 이어주거나 문장 속에서 어떤 역할을 하게 해주는 것들도 있지요."

자, 이번 장에서는 단어가 무엇인지, 단어를 그 뜻과 기능에 따라 어떻게 나눌 수 있는지, 단어는 어떻게 짜여있는지, 단어의 의미에 따른 관계들을 어떻게 구분할 수 있는지 등을 공부해 보기로 합시다.

01 형태소와 단어	– 형태소(자립 형태소/ 의존 형태소/ 실질 형태소/ 형식 형태소)/ 단어
02 단어의 갈래	(1) 명사　　　(2) 대명사　　　(3) 수사 (4) 동사　　　(5) 형용사(용언/ 어간/ 어미) (6) 조사(격조사/ 보조사/ 연결조사) (7) 관형사　　　(8) 부사　　　(9) 감탄사
03 단어의 짜임	(1) 어근과 접사 – 어근/ 접사(접두사/ 접미사) ──────────────────── (2) 단일어, 합성어, 파생어 – 단일어/ 복합어(합성어/ 파생어)
04 단어의 의미	(1) 단어의 의미 ❶ 중심 의미와 주변 의미 : 중심 의미/ 주변 의미 ❷ 지시적 의미와 함축적 의미 : 지시적 의미/ 함축적 의미 ──────────────────── (2) 단어의 의미 관계 – 동음이의 관계/ 유의 관계/ 반의 관계/ 상하의 관계 ──────────────────── (3) 단어의 여러 얼굴 ❶ 고유어, 한자어, 외래어 : 고유어/ 한자어/ 외래어 ❷ 비속어, 은어 : 비속어/ 은어 ❸ 그 밖의 여러 말들 : 관용어/ 첩어/ 의태어/ 의성어/ 음성상징어

1 형태소와 단어

┃형태소┃ '일정한 뜻을 가진 가장 작은 말의 단위'를 형태소라고 합니다. '바다는 푸르다'라는 문장을 갖고 이야기해 봅시다. '바다'라는 단어를 보세요. '바다'를 더 쪼개면 뜻이 없어지지요? 그러니까 '바다'는 형태소이면서 단어인 셈입니다. '푸르다'라는 단어는 '푸르-', '-다'로 나뉠 수 있어요. '푸르-'는 실제 의미를 갖고 있지만 '-다'와 합해져야 쓰일 수 있지요. '-다'는 혼자 쓰일 수 없고, 또 실질적인 의미도 없네요. '-는'도 '바다' 뒤에 붙어야 쓰일 수 있고, 실질적인 의미 역시 없습니다. 그러나 '바다', '는', '푸르', '다'는 다 하나하나의 형태소예요. 실질적인 뜻을 갖고 있든, 형식적이든, 혼자 쓰일 수 있든, 의존해야 쓰일 수 있든 말입니다.

그러니까 일정한 뜻을 가진 가장 작은 말의 단위인 형태소는 자립할 수 있느냐 없느냐에 따라, 실질적인 의미를 갖느냐 문법적인 의미를 갖느냐에 따라 나누어집니다.

- : **자립 형태소**┃혼자 쓰일 수 있는 형태소 (바다)
- : **의존 형태소**┃반드시 다른 말에 기대어 쓰이는 형태소 (푸르-, 는, -다)
- : **실질 형태소**┃구체적인 대상이나 상태를 나타내는 실질적 의미를 가진 형태소 (바다, 푸르-)
- : **형식 형태소**┃접사, 조사, 어미와 같이 문법적 의미만을 표시하는 형태소 (는, -다)

┃단어┃ 혼자서 쓸 수 있는 말 중 가장 작은 단위의 말을 단어라고 합니다. 물론 혼자서 쓸 수 없어도 자립할 수 있는 형태소에 붙어서 쉽게 분리될 수 있는 말은 단어입니다. 위에서 '는' 같은 말은 단어이지요. 자, 이제 이 같은 단어들을 어떻게 나눠볼 수 있을지 생각해 봅시다.

2 단어의 갈래

단어를 그 뜻과 모양과 기능에 따라 나눈 것을 품사라고 합니다. 우리말에는 9개의 품사가 있지요. 모양이 변하지 않는 것과 변하는 것이 있는가 하면(형태), 문장의 중심 역할을 하는 것, 서술어 역할을 하는 것, 꾸며주는 것, 이어주거나 어떤 역할을 하게 해주는 것, 혼자 쓰이는 것(기능) 등이 있어요. 의미에 따라 나누면 이름, 이름 대신, 수, 움직임, 모양과 성질, 주로 체언 꾸밈, 주로 용언 꾸밈, 이어줌, 부름과 느낌 등으로 나눠지고요. 이를 정리하면 아래 표와 같습니다.

구분		품사	내용	예
불변	체언	명사	구체적인 대상의 이름	– 산, 바다, 책상, 홍길동
		대명사	대상의 이름을 대신하여 가리키는 말	– 지시대명사 : 이것, 저것, 그것, 무엇, 여기, 저기, 어디 – 인칭대명사 : 나, 너, 우리, 그
		수사	사물의 수량이나 순서를 가리키는 말	– 하나, 둘, 셋.../첫째, 둘째, 셋째...
가변	용언	동사	움직임을 나타내는 말	– 놀다, 걷다, 뛰다, 사랑하다
		형용사	성질이나 상태를 나타내는 말	– 젊다, 고요하다, 향긋하다
불변	수식언	관형사	주로 체언(특히 명사)을 수식하는 말	– 그 사람, 새 책, 한 자루
		부사	동사, 형용사, 또는 문장 전체를 꾸며주는 말	– 많이, 퍽, 꽤
	관계언	조사	주로 체언 뒤에 붙어서 다양한 문법적 관계를 나타내거나 의미를 더해주거나, 두 단어를 이어주는 구실을 하는 것	– 격조사 : 이, 가, 께서, 을, 를, 에게 – 보조사 : 만, 도, 은/는 – 연결조사(접속조사) : 와, 과, 랑
	독립언	감탄사	대답, 느낌 등을 나타내는 데 쓰이는 말	– 네, 아, 아차

(1) 명사

▌**명사** ┃ 이름 명(名)자를 씁니다. 김춘수 시인의 시가 생각나네요. '내가 너의 이름을 불러주기 전에는 너는 다만 하나의 몸짓에 지나지 않았다…' 사물은 모두 그 이름을 갖고 있지요? 뭔지 모르는 아리송한 것이라도 '무엇'이라 불리니까요. 컴퓨터, 냉장고, 꽃… 등등 각각의 고유한 이름을 가진 단어들이 바로 명사입니다. 고유명사, 보통명사, 의존명사 등 명사도 여러 가지로 나눠지요. 고유명사란 사람 이름이나, 지명 이름 등의 특정 사물만이 가진 고유한 이름이고, 보통명사란 '나무, 사람, 음악' 등의 보편

175

적인 것을 뜻합니다.

그럼 의존명사는? 의존한다고 하니 혼자 쓸 수가 없는 명사인 게 분명합니다. 앞에 다른 명사, 혹은 관형어가 옵니다. 할 줄, 먹을 것, 새벽 녘, 할 수 같은 것들이지요.

(2) 대명사

▌**대명사**│ 명사로 나타낼 것을 '그, 이, 저' 등으로 대신하여 가리키는 말이지요. 인칭대명사와 지시대명사로 나뉩니다. 인칭대명사는 사람을 일컫는 말입니다. 예를 들면 '나'는 1인칭, '너', '당신' 등은 2인칭, '그'는 3인칭이지요.

지시대명사는 사물이나 방향 등을 나타낼 때 쓰입니다. 예를 들어보면 내 가까이 있는 '여기', 멀리 있는 '저기', 네 옆에 있는 '거기' 같은 말이죠.

(3) 수사

▌**수사**│ 수를 나타낼 때 쓰이는 말로, '하나, 둘, 셋' 혹은 '일, 이, 삼' 같은 말이지요.

> **: 체언**體言│ 이상의 명사, 대명사, 수사를 문장에서의 몸통에 해당한다 하여 체언이라 합니다.

(4) 동사

▌**동사**│ 사물이나 사람 등의 움직임을 나타내는 말이에요. 주어의 행동을 서술하는 역할을 하지요.

(5) 형용사

▌**형용사**│ 동사가 사물이나 사람의 움직임을 나타낸다면 형용사는 상태나 성질을 나타내주는 말이에요. 동사와 마찬가지로 주어를 서술합니다. '예쁘다', '곱다', '크다' 등이 이에 해당합니다.

여기서 잠깐. 형용사와 동사는 혼동되기 쉬운데, 쉽게 구분하는 방법은 없을까요? 어간에 '~하고 있다'라는 어미를 붙여 봐서 자연스러우면 동사, 그렇지 않다면 형용사로 보면 됩니다.

'가고 있다, 먹고 있다' – 자연스럽네요. '가다', '먹다'는 동사로군요.

'예쁘고 있다', '착하고 있다' – 매끄럽지 않으므로 형용사네요.

: 용언用言 ┃ 동사와 형용사를 묶어 용언이라고 합니다.

또 누가 묻네요? 동사, 형용사를 말할 때 '어간', '어미'라는 말이 많이 나오는데 그게 뭔가요? 동사, 형용사와 같은 용언은 어간과 어미로 이루어져 문장에서 쓰일 때 그 형태가 변하는데 이를 활용이라고 합니다.

    : 어간 ┃ 용언이 활용할 때 변하지 않는 부분

    : 어미 ┃ 용언이 활용할 때 변하는 부분

먹다/먹어/먹고/먹지/먹게/먹어라

'먹–'이 어간이고, '–다', '–어', '–게', '–지', '–고'는 어미입니다. 용언의 기본형에서 '–다'를 떼면 어간이 남는군요.

자, 그럼 이렇게 정리해 볼 수 있어요.

    : 어간 ┃ 용언이 활용할 때에 변하지 않는 부분 예 '보다'의 '보–'

    : 어미 ┃ 어간에 결합하여 여러 가지 문법적인 의미를 더해주는 요소

        • 종결 어미 : 문장을 끝맺어 주는 기능을 하는 어미

         예 평서형 어미, 감탄형 어미, 의문형 어미, 명령형 어미, 청유형 어미

        • 연결 어미 : 앞 문장과 뒤 문장을 연결하여 주는 기능을 하는 어미

         예 대등적 연결 어미 : 두 문장을 대등하게 이어주는 어미

          종속적 연결 어미 : 앞의 문장을 뒤의 문장에 종속시키는 연결 어미

          보조적 연결 어미 : 본용언에 보조 용언을 이어주는 어미

        • 전성 어미 : 용언의 서술 기능을 또 다른 기능으로 바꾸어주는 어미

         예 명사형 어미 : '–기', '–(으)ㅁ'

          관형사형 어미 : '–(으)ㄴ', '–는', '–(으)ㄹ', '–던'

          부사형 어미 : '–게', '–도록', '–듯이'

(6) 조사

▌조사│ 체언을 다른 문장성분과 이어지도록 중간에 들어가서 체언의 뜻을 보충하든 가 연결시키는 구실을 합니다. '이, 의, 을, 과…' 같은 것들이지요.

예를 들어볼까요.

빵이 맛있다.
그것은 빵이다.
나는 빵을 먹었다.
빵의 성분은 뭘까?
빵에 크림을 얹어라.
빵이여, 내 배고픔을 달래주는구나.

: 격조사│ 빵에 여러 조사가 붙어 문장 속에서 어떤 성분이 되게 하네요. 주어가 되기도 하고, 서술어가 되기도 하고, 목적어가 되기도 하고, 관형어 · 부사어 · 독립어가 되기도 해요. 이런 역할을 하게 해주는 조사를 격조사라 합니다.

난 빵만 먹어. 난 빵도 먹어. 난 빵은 먹어.

: 보조사│ 다른 건 안 먹고 빵만 먹는다는 의미도 있고, 다른 것도 먹고 거기다 빵도 먹는다는 의미도 있고, 다른 것은 싫어도 빵은 먹는다는 의미도 있네요. 이렇게 뭔가 특별한 의미를 더해주는 조사를 '보조사'라고 합니다.

빵과 사과를 먹는다.

: 연결조사│ '과'는 무엇일까요? 연결해주는 구실을 하는 것을 보니 연결조사(접속조사)로군요.

(7) 관형사

▎**관형사** │ 주로 체언의 앞에서 체언의 뜻을 보충해주거나 지정해주는 말입니다. '새 집', '헌 옷' 등에서 집과 옷의 앞에 붙어서 그것을 수식해주는 '새, 헌' 등이 관형사입니다. 모양은 변하지 않는데 혼자서는 못 쓰고 꾸며주는 역할을 하는군요.

관형사 중에서 수관형사라는 것이 있는데, 체언의 수사와 헷갈리기 쉽습니다. 그 단어가 독립적으로 사용할 수 있다면 수사, 꾸며주는 역할을 해야 한다면 관형사가 되겠지요.

'하나, 둘, 셋' 등의 수사는 독립적으로 사용할 수 있지만, '첫, 몇, 한, 두, 세, 네' 등의 수관형사는 독립적으로는 사용할 수 없습니다.

(8) 부사

▎**부사** │ 관형사가 체언의 꾸밈말이라면 부사는 용언의 꾸밈말입니다. 용언의 앞에 붙어 그 뜻을 자세하게 설명하고 꾸며주는 역할을 합니다. '너무 먼 당신', '열심히 뛴다'에서 '너무', '열심히' 등이 이에 해당합니다.

(9) 감탄사

▎**감탄사** │ 사람의 감정이나 감탄하는 말을 나타내주는 말로 '아, 아차, 어머나, 와' 같은 감탄의 말을 가리킵니다.

3 단어의 짜임

'봄바람 부는 날 치솟는 나의 꿈'

여러분, 지금 몇 개의 단어를 찾았나요? 일곱 개인가요. 봄바람, 불다, 날, 치솟다, 나, 의, 꿈.

어, 봄과 바람은 다른 단어 아니에요? 아닙니다. 봄과 바람이란 단어가 있기는 하지만 여기서는 봄에 부는 바람이란 뜻의 한 단어지요. 위의 단어들을 보니 짜임에 따라 나눠볼 수 있겠네요. 혼자 쓰이는 말이 있고, 실질적인 의미를 가진 말들이 합해진 단어가 있는가 하면, 무언가 말 조각이 붙은 말들이 있지요. 이렇게 단어도 자기 나름의 짜임을 갖고 있네요. 이를 알기 위해 위에서 배운 '형태소'를 기억해야 합니다. 그 바탕 위에서 '어근', '접사'의 개념을 이해하고, 단어의 짜임에 따른 분류인 단일어, 합성어, 파생어를 공부하기로 합니다.

(1) 어근과 접사

▮ **어근** ｜ 말의 뿌리라는 뜻입니다. 단어를 이룰 때, 실질적인 의미를 나타내는 중심 부분입니다.

▮ **접사** ｜ 어근에 붙어 그 뜻을 제한하는 주변 부분을 가리킵니다. 파생접사와 굴절접사로 나누기도 하는데 굴절접사는 흔히 '어미'라 부르지요. 파생접사는 앞에 붙으면 머리 두(頭)자를 써서 접두사, 뒤에 붙으면 꼬리 미(尾)자를 써서 접미사라고 하지요. 머리가 복잡하다구요? 굴절접사는 그저 '어미'라고 생각하세요.

: **접두사** ｜ 어근의 앞에 붙어 특정한 뜻을 더하거나 강조하면서 새로운 말을 만들어냅니다.

예 휘- : 휘날리다, 휘돌다, 휘감다

맨- : 맨손, 맨발, 맨주먹, 맨몸

: **접미사** ｜ 어근의 뒤에 붙어 의미를 더하여 새로운 말을 만들어냅니다. 때로는 품사를 바꾸기도 하지요.

예 -이 : 먹이, 놀이

-거리다 : 떵떵거리다, 헤죽거리다, 깐죽거리다

접사	* 파생접사 – 새로운 단어를 만드는 기능을 하는 접사	접두사 – 앞에 붙는 접사
		접미사 – 뒤에 붙은 접사
	* 굴절접사 – 새로운 단어를 만드는 기능을 하지 않는 접사	

'치솟다'를 쪼개 본다면 다음과 같습니다.

치솟다 → 치+솟+다

치−파생접사/ 솟−어근/ 다−굴절접사(어미)

(2) 단일어, 합성어, 파생어

▌ **단일어** │ 하나의 어근으로 이루어진 단어를 말합니다.

　　예 하늘, 물, 산, 우리, 사랑, 놀다, 웃다

▌ **복합어** │ 둘 이상의 어근, 혹은 어근과 접사로 이루어진 단어입니다. 합성어와 파생
어로 나뉘지요.

　　: **합성어**合成語 │ 두 개 이상의 어근이 합해져서 만들어진 단어를 말합니다. 분식집 메
　　뉴판에 가면 많이 발견할 수 있어요

　　　예 김밥, 칼국수, 볶음밥, 내려오다, 오래오래 등

　　: **파생어**派生語 │ 어근의 앞이나 뒤에 접사가 붙어서 만들어진 단어를 말합니다.

　　　예 휘날리다, 울보, 맨손, 풋사과 등

4 단어의 의미

　　어느 작가는 '인간의 말은 20%만 이해될 수 있다'는 말을 했습니다. 우리가 어떤 말
을 하고 상대방이 그 말을 제대로 들었더라도 온전히 말하는 사람의 뜻을 전하지는 못
한다는 말일 거예요. 왜 그럴까요? 언어의 의미는 하나로 고정된 것이 아니기 때문입
니다. 상황에 따라, 문맥에 따라 다양한 의미를 띨 수 있고, 단어들의 의미관계에 따
라 다르게 해석될 수 있기 때문이지요.

(1) 단어의 의미
❶ 중심 의미와 주변 의미

'손'이라는 단어를 들으면 무엇이 떠오르나요. 고사리 같은 아기 손, 고생해서 거칠어진 어머니의 손, 고운 여자의 부드러운 손, 내가 좋아하는 사람의 따뜻한 손……. 우리 몸에 있는 손이 떠오릅니다. 그것이 바로 중심 의미입니다.

그런데 드라마 같은 데서 어떤 사람이 이런 말을 합니다. "야, 너 빨리 손 씻고 그 무리에서 빠져나와." 이럴 때 '손'은 위에서 말한 손과는 다릅니다. 연결, 관계 등을 의미하지요.

"엄마는 손이 커서 음식을 많이 만드셔."

이럴 때의 손은 또 어떤가요? 통이 크다는 의미입니다. '손을 씻다', '손이 크다'에서의 '손'은 주변 의미라고 할 수 있지요. 아하, 그러니까 손은 여러 의미를 가진 다의어인 셈이네요.

┃ 중심 의미 ┃ 한 단어의 여러 의미 중에서 가장 기본적이면서도 핵심적인 의미를 말합니다.

┃ 주변 의미 ┃ 중심 의미를 제외한 다른 의미를 말합니다.

❷ 지시적 의미와 함축적 의미

자, 두 개의 '별'을 보세요.

"저기 별이 떴어."

"별을 노래하는 마음으로 모든 죽어가는 것을 사랑해야지."

앞에서의 별은 우리가 흔히 알고 있는 하늘에 떠있는 행성인 별을 말합니다. 사전적의미라고 할 수 있습니다. 뒤의 '별'에는 다양한 의미가 녹아들어 있습니다. 아름다움, 순수함, 절대적인 것, 동경 등.

┃ 지시적 의미 ┃ 사전에 실린 일반적 의미를 말합니다.
┃ 함축적 의미 ┃ 어떤 특수한 상황에서 비유나 상징 등을 통해 일반적 의미 외에 녹아든 다른 의미를 말합니다.

(2) 단어의 의미 관계

▎동음이의 관계⎸단어의 소리는 같으나 의미는 다른 관계를 말합니다.

썰렁한 농담을 몇 개 들어볼까요? 그럼 동음이의 관계를 알 수 있을 거예요.

> 예 "'구하라'를 구하라"
>
> "수지랑 함께 드라마를 찍으면 수지맞을 것 같아요."
>
> "저는 성이 성씨인데 성에서 살아요."

▎유의 관계⎸둘 이상의 다른 단어가 소리는 다르지만 뜻이 비슷한 관계를 말합니다. 비슷한 말이지요.

> 예 '얼굴'과 '낯'
>
> 지키다 – 유지하다/ 지키다 – 보호하다 : 각각은 유의 관계이지만 '유지하다'와 '보호하다'는 관련성이 없습니다. 그것은 '지키다'가 여러 뜻을 가진 다의어이기 때문이지요. 이럴 때는 문맥상 그 뜻을 이해하면 되겠네요.

▎반의 관계⎸서로 의미가 상반되는 말들을 가리킵니다.

> 예 남성 – 여성/ 크다 – 작다/ 착하다 – 악하다

▎상하의 관계⎸문학에는 어떤 종류들이 있나요? 시, 소설, 수필, 희곡! 그렇다면 문학은 상의어(상위어)이고, 시·소설·수필·희곡은 하의어(하위어)겠군요. 계절은 봄·여름·가을·겨울로 나뉘지요. 아, 계절은 상의어, 봄·여름·가을·겨울은 하의어네요.

(3) 단어의 여러 얼굴

이제 단어를 그 성질에 따라 여러 각도에서 부르는 말들을 살펴보기로 해요.

❶ 고유어, 한자어, 외래어

▎고유어⎸우리말에 본디부터 있던 말이나 그것에 바탕을 두고 새로 만들어진 말입니

다. 나무, 손, 가시버시 같은 말은 순수한 우리말이지요.

┃**한자어**┃ 한자로 된 말입니다. 우리말에는 70~80%의 한자어가 있다고 하지요. 여러분의 교실을 둘러보세요. 한자로 된 말이 정말 많습니다. 교실, 형광등, 의자, 책상, 교탁…….

┃**외래어**┃ 외국에서 들어온 말로, 거의 우리말처럼 된 말이지요. 우리말에 없어서 그대로 또는 조금 바꿔서 쓰기도 하구요. 때로는 원래 있던 우리말보다 널리 쓰여서 우리말처럼 된 말이기도 합니다. 텔레비전, 라디오, 컴퓨터 같은 말이 다 외래어죠. 붓, 담배, 가방 등도 외래어입니다. 아, 이 말들은 우리말인 줄 알았는데요.

❷ 비속어, 은어
┃**비속어**┃ 격이 낮고 거친 말. 욕설, 남을 낮추며 사용하는 말, 어떤 대상을 천하게 부르는 말 등이 비속어입니다.
> 🈁 머리 → 대가리

┃**은어**┃ 어느 특수한 집단 사이에서 자기들끼리 쓰는 말. 청소년들끼리만 쓰는 말, 깡패 집단에서만 쓰는 말, 군인 사회에서만 쓰는 말 등 여러 집단 안에서 은어를 사용하지요. 다른 집단이 알게 되면 은어의 특징이 사라져서 그런지 일정 기간이 지나면 바뀌지요. 처음에는 한 집단의 은어였지만 널리 퍼지기도 하구요.
> 🈁 구름과자, 야리, 쌤 (청소년들이 담배를 일컫는 은어들)
> 까비–아깝다 (청소년의 은어)
> 답정너–답은 정해져 있고 넌 대답만 하면 돼. (청소년의 은어)

❸ 그 밖의 여러 말들
┃**관용어**┃ 둘 이상의 단어가 결합되어 사전적 의미와는 다른 특별한 의미로 사용되는 말

▌첩어 │ 같은 소리나 비슷한 음을 가진 형태소를 반복하여 만든 말 **예** 날+날+이─나 날이, 바득바득

▌의태어 │ 모양을 본떠 만든 말 **예** 살금살금. 깡충깡충

▌의성어 │ 소리를 본떠 만든 말 **예** 졸졸

▌음성상징어 │ 흔히 의태어, 의성어를 음성상징어라 하지요.

16 끝까지 들어봐
문장성분과 문장의 짜임

국어샘 길잡이

어떤 남자와 여자가 만나고 있습니다. 따뜻한 바람이 불어오고 꽃향기 풍기는 공원의 벤치. 두 사람의 분위기는 뭔가 묘합니다. 흔히 하는 말로 '썸타는' 관계인듯하네요. 남자가 여자에게 말을 건넵니다.

"나는 당신을…….."

대체 무슨 말을 하려는 걸까요? 뒤에 이어지는 말이 '사랑합니다'일지, '알고 싶습니다'일지, '좋아하는 줄 알았지만 다른 사람이 생겼습니다'일지 정말 알 수 없습니다. 물론 상황이나 분위기 속에서 짐작할 수도 있겠지요. 그러나 끝까지 말해주기 전에는 알 수 없는 일입니다.

자신의 생각이나 감정을 완전하게 표현하는 단위가 문장입니다. 하나의 문장이 이루어지기 위해서는 단어가 있어야 하고 그 단어들은 문장 속에서 어떤 역할을 하게 되지요. 그리고 하나의 문장은 다양한 짜임을 갖게 됩니다. 이제 문장을 이루는 문장성분과 문장의 짜임에 대해 공부해 보기로 합시다.

01 문장의 구성단위	– 문장/ 어절/ 구/ 절
02 문장성분	(1) 주어 (2) 목적어 (3) 서술어 (4) 보어 (5) 관형어 (6) 부사어 (7) 독립어
03 문장의 짜임	– 홑문장/ 겹문장/ 안은문장/ 이어진 문장
	(1) 안긴문장의 종류 – 명사절/ 관형절/ 부사절/ 서술절/ 인용절
	(2) 이어진 문장 – 대등하게 이어진 문장/ 종속적으로 이어진 문장

하나의 문장을 볼까요.

저 학생은 매우 착하다.

이 문장은 모두 5개의 단어로 되어 있고 네 덩어리로 나누어집니다. 더 크게 나눠보면 '저 학생은 / 매우 착하다' 두 부분으로 나눌 수 있습니다. '학생은'이란 덩어리는 두 단어로 되어 있지만 두 단어가 한데 있어야 문장 속에서 제자리를 찾을 수 있지요. '저 학생은'은 세 단어가 모였지만 하나의 단어와 같은 역할을 하지요.

이렇게 하나의 문장은 단어, 단어가 모인 한 덩어리인 어절, 어절이 모여 하나의 단어 같은 역할을 하는 구 등으로 나눠볼 수 있습니다.

▌**문장** │ 생각이나 감정을 완전한 내용으로 표현하는 최소의 완결된 단위입니다. 하나의 문장이 끝날 때는 마침표 (.)로 표시해 줍니다. '저 학생은 매우 착하다.'는 하나의 문장입니다.

▌**어절** │ 문장을 구성하는 기본적인 문법 단위의 하나입니다. 띄어쓰기의 단위가 되지요. '저' '학생은' '매우' '착하다'가 각각 하나의 어절입니다.

▌**구** │ 두 개 이상의 어절이 모여 하나의 단어와 같은 역할을 합니다. '저 꽃이', '매우 아름답다'는 각각 하나의 구입니다.

그런데 문장들이 늘 위의 문장처럼 간단하지만은 않습니다.

나는 비가 내리기를 빌었다.

이 문장은 모두 7개의 단어로 되어 있고 4개의 어절로 이루어져 있습니다. '나는 / 비가 내리기를 / 빌었다'의 세 부분으로 나눠볼 수 있고요. 여기서 '비가 내리기를'은 구일까요? 아닙니다. '비가 내리기를'이라는 말에는 '비가 내리다'는 문장이 포함되어 있습니다. 문장의 일부를 이루는 또 다른 문장인 셈이지요. 이것이 절입니다.

┃ 절 ┃ 주어와 서술어를 갖춘 단위로 더 큰 문장 속에 포함되어 있습니다.

⠀⠀⠀**예** 나는 <u>그가 천재임을</u> 알아보았다.

문장성분

⠀⠀⠀문장 속에서 일정한 문법적 역할을 하는 문장의 요소들을 문장성분이라고 합니다. 문장을 이루는 데 중심이 되는 주성분, 주로 주성분을 꾸며주는 역할을 하는 부속성분, 독립적으로 쓰이는 독립성분으로 나눌 수 있습니다. 주성분은 주어, 목적어, 서술어, 보어입니다. 부속성분은 관형어, 부사어이구요. 독립성분은 독립어입니다. 이 부분을 공부하기 위해서는 '15. 단어에 담긴 세상─형태소, 단어, 품사'에서 공부한 개념들을 잘 이해하고 있어야 합니다.

(1) 주어
┃ 주어 ┃ 주인 주(主)자를 씁니다. 즉, 문장에서 주인의 역할을 하는 부분을 말합니다. 서술어의 주체가 되며, 대개 체언 뒤에 '은/는', '이/가/께서' 등의 조사가 붙어서 만들어집니다. 문장 속에서 '무엇은/누가'에 해당하는 말이지요.

⠀⠀⠀**예** 그는 아이들의 마음을 사로잡았다. : '그'라는 대명사에 '는'이 붙었습니다. 아이들의 마음을 사로잡은 주체가 '그'이기 때문에 '그는'이 주어가 됩니다.

(2) 목적어
┃ 목적어 ┃ 서술어의 행동 대상이 되는 성분입니다. 주로 체언 뒤에 조사 '을/를'이 붙어 만들어지지만 명사절에 '─을'이 붙어서 되기도 합니다. '무엇을', '누구를'에 해당하는 말입니다. 의미에 따라 '을/를'이 아닌 다른 조사가 붙거나 생략될 수도 있지만 '을/를'을 붙여 말이 되면 목적어입니다.

예 그는 아이들의 마음을 사로잡았다. : '마음을'은 '사로잡았다'의 대상이 됩니다. '아이들의 마음도 사로잡았다.'라고 한다면 마음까지 사로잡았다는 의미가 더해집니다. '마음도'도 목적어이지요. '나는 빵 먹었어.'라는 문장에서 '빵'은 목적어입니다. 조사가 생략되었을 뿐이니까요.

(3) 서술어

▎**서술어** │ 주어의 동작이나 상태를 서술해주는 역할, 그 문장 전체를 서술해주는 역할을 합니다. 문장 속에서 '어떠하다, 어찌하다. 무엇이다'에 해당됩니다. 동사나 형용사 외에도 서술격 조사인 '이다'가 붙어서 만들어지기도 합니다.

예 철수가 학교에 간다. 꽃이 예쁘다. 그는 학생이다.

한편 서술어에 따라 문장 안에서 필요로 하는 문장성분들의 개수가 다른데, 이를 '서술어의 자릿수'라고 합니다.

: **한 자리 서술어** │ 주성분 중 주어만을 요구하는 서술어를 가리킵니다.

예 그녀는 예쁘다. 나는 착하다. 산이 푸르다.

저 아이는 예쁘다. → 주어 외에 관형어가 있지만 한 자리 서술어임에는 변함이 없습니다. '저'라는 관형어가 없다고 해도 문장이 되기 때문입니다.

: **두 자리 서술어** │ 주어 이외에 목적어, 부사어, 보어 중 한 성분이 필수적으로 필요한 서술어입니다.

예 나는 사과를 먹었다. 물이 얼음이 되었다.

삶은 지옥과 같다. → '지옥과'라는 부사어가 없다면 문장이 이루어지지 못합니다.

: **세 자리 서술어** │ 주어, 목적어, 부사어의 세 성분을 모두 요구하는 서술어를 가리킵니다.

예 선생님께서 책을 책상 위에 두셨다.

어머니께서 나에게 용돈을 주셨다.

(4) 보어

┃ 보어 ┃ 의미 전달이 아리송할 때 보충해주는 말입니다. 서술어에 '되다/아니다(안 되다)'가 놓여 있을 경우에 그 서술어의 바로 앞부분의 말을 보어라고 생각하면 쉽습니다. '무엇이', '누가'의 형태이지만 주어와는 다르지요.

> 例 나는 올해 성인이 되었다. : 여기에서 서술어가 '되었다'이므로 보충해주는 말인 '성인이'가 보어가 됩니다.
>
> 그는 천재는 아니었다.
>
> 그 친구 바보 됐어. : '바보'에 '가'라는 조사가 붙지는 않았지만 '되다' 앞에서 그 의미를 분명하게 해주는 보어입니다.

(5) 관형어

┃ 관형어 ┃ 체언(명사, 대명사, 수사) 앞에 붙어서 꾸미는 말입니다. 관형사형 어미 '어떤', '~의'의 형태를 취합니다. 관형어가 체언을 수식하는 방법은 다음 네 가지로 정리할 수 있습니다.

① 관형사가 그대로 관형어가 되는 경우

> 例 철수는 새 운동화를 신었다. → '새'는 관형사로 '운동화'라는 체언을 꾸며줍니다. 관형사는 기본적으로 관형어 역할을 하지요.

② 체언+관형격 조사 '의'

> 例 소년은 소녀의 얼굴을 보았다. → 체언에 '-의'라는 관형격 조사가 붙어 '얼굴'을 꾸며주는 관형어가 됩니다.

③ 체언

> 例 나는 그 마을 풍경을 보고 감격했다. → '마을'은 명사(체언)지만 의미상 '풍경'을 꾸며줍니다. '마을의'라고 해도 되고요.

④ 용언 어간 + 관형사형 어미(-는, -은/-ㄴ , -을/-ㄹ)

예 예쁜 꽃이 많이 피었다. → 꽃은 꽃인데, '예쁜'이라는 수식어가 들어가 있습니다. '예쁘다'의 어간에 관형사형 어미 'ㅡㄴ'이 붙어 '꽃'을 수식하는 관형어가 되었습니다.

그는 예쁜 마음씨를 가졌다.

그건 내가 먹을 빵이야.

(6) 부사어

▌부사어 │ 관형어가 체언(명사, 대명사, 수사)을 꾸민다면, 부사어는 용언(동사, 형용사)을 꾸미는 문장성분입니다. 용언만이 아니라 관형어나 다른 부사어를 수식하거나, 문장이나 단어를 이어주는 역할을 하기도 합니다.

(7) 독립어

▌독립어 │ 문장 내에서 그 자체가 독립적으로 떨어져 나와서 문장 전체를 꾸며주는 부분을 말합니다. 문장의 어느 성분과도 직접 관련은 없지요. 주로 감탄사나, 누군가를 부르는 호칭, 혹은 '예/아니요'로 대답하는 말, 어떤 문장을 시작하기 전에 제시하는 말 등입니다. 주로 문장 내에서는 독립어가 쓰인 다음에 쉼표, 혹은 느낌표를 찍어줍니다.

예 아니요, 그런 적 없습니다.

철수야. 너 어디 가니?

아차! 그런 일이 있다니!

　한 문장을 구성하는 요소인 문장성분은 문장에서 필수적으로 필요한 주성분, 임의적인 부속성분, 그리고 문장 구성과는 직접적인 관련이 없는 독립성분으로 나뉩니다. 문장성분 가운데 주어와 서술어는 반드시 있어야 합니다. 주어는 동작이나 상태의 주체가 될 것이고, 서술어는 주어의 상태나 성질 및 행위를 서술합니다. '먹다'와 같은 서술어는 목적어를 요구합니다. '되다'와 같은 서술어는 보어를 요구합니다.

　이들 주어, 서술어, 목적어, 보어를 모두 주성분이라고 하지요. 문장에는 주성분만

이 아니라 부속성분도 있습니다. 체언을 수식하는 성분인 관형어와 용언이나 관형어나 다른 부사어를 수식하는 부사어가 그것입니다. 또 문장의 어느 성분과도 직접 관계 없는 독립성분이 있는데, 이를 독립어라 합니다.

자. 이제 문장성분을 표로 정리해보도록 해요.

구분	문장성분	내용	예	의미
주성분	주어	문장에서 동작이나 상태의 주체	<u>나는</u> 학생이다.	무엇은, 누가
	서술어	주어의 상태, 성질, 행위를 서술하는 문장성분	나는 <u>학생이다.</u> 그 소녀는 <u>예쁘다.</u>	무엇이다 어찌하다 어떠하다
	목적어	서술어의 동작 대상이 되는 문장성분	나는 <u>빵을</u> 먹었다.	'을/를'이 붙을 수 있다.
	보어	되다, 아니다 같은 서술어 앞에 오는 말	나는 <u>귀신이</u> 아니다.	
부속성분	관형어	체언을 수식하는 문장성분	<u>작은</u> 연못을 보았다.	어떤, ~의
	부사어	용언, 관형어, 부사어를 수식하는 문장성분	나는 <u>빨리</u> 달렸다.	어떻게, 어디로, ~에게
독립성분	독립어	문장의 어느 성분과도 직접 관련이 없는 문장성분	<u>영희야,</u> 학교 가자.	대답, 감탄, 호칭

3 문장의 짜임

문장은 주어와 서술어의 관계가 몇 번인가에 따라 홑문장과 겹문장으로 나눠집니다. 겹문장은 다시 안은문장과 이어진 문장으로 나눠지지요.

▌홑문장 ┃ 주어와 서술어의 관계가 한 번만 나타나는 문장을 말해요.

예 온 세상이 하얗다. : 주어 '세상이', 서술어 '하얗다'로 주어 서술어 관계가 한 번 입니다.

▌**겹문장** | 주어와 서술어의 관계가 두 번 이상 나타나는 문장을 말해요.

▌**안은문장** | 홑문장이 다른 문장 속에서 한 문장성분이 될 때 문장 속에서 한 문장성 분이 되는 홑문장은 안긴문장이며 그 안긴문장을 포함한 문장은 안은문장입니다.

▌**이어진 문장** | 홑문장과 홑문장이 대등하거나 종속적으로 이어진 문장을 말해요.

(1) 안긴문장의 종류

▌**명사절** | 앞에서 '절'이란 문장 속에서 하나의 문장성분 역할을 하는 문장이라고 배웠 습니다. 명사절은 문장에서 명사처럼 쓰이는 문장입니다. 명사가 그러하듯 주어, 목 적어, 보어, 부사어 등의 기능을 합니다. 명사형 어미 '-(으)ㅁ, -기'가 붙어서 이루어 집니다.

예 <u>영수가 합격했음이</u> 알려졌다. : '영수가 합격했다.', '(그것이) 알려졌다.' 두 문장 이 합해진 문장입니다. '영수가 합격했다'는 문장은 '영수가 합격했음'이라는 명사 절로 문장에 안겨 주어 역할을 하는 것이지요.

그 곳에서 <u>일하기가</u> 힘들다. : '일하기'는 '(사람들이, 내가) 일하다'라는 문장에 '- 기'라는 어미가 붙어 명사처럼 쓰인 것이지요. 문장에서는 목적어 역할을 합니다.

▌**관형절** | 절이 문장에서 관형어의 기능을 합니다. 관형사형 어미 '-(으)ㄴ, -는, -(으)ㄹ, -던'이 붙게 됩니다.

예 나는 <u>선생님께 질문하는</u> 영희를 보았다. : 나는 영희를 보았다. 영희는 선생님께 질문했다. 두 문장이 합해진 것이겠지요.

<u>선생님께 질문하던</u> 영희를 보았다. : 여기서는 '-던'이 붙어 과거가 됩니다.

<u>영희가 부를</u> 노래는 대중가요이다. : '-ㄹ'이 붙어 미래를 나타내지요.

▌**부사절** | 문장에서 부사어의 기능을 하는 절로, 서술어를 수식하는 역할을 합니다. 부사형 어미 '-이, -게, -도록, -(아)서' 등이 붙습니다.

193

예 소리 없이 비가 내렸다. : 소리가 없다. 비가 내렸다. 두 문장이 합해졌네요.

그 곳은 꽃이 아름답게 장식되어 있었다.

철수는 발이 아프도록 달렸다.

┃ **서술절** ┃ 문장에서 서술어의 기능을 하는 절입니다. 서술절은 구별하기가 쉽지 않습니다. 마치 주어가 두 개 있는 것처럼 보이지만 앞에 나오는 주어를 제외한 나머지 부분이 서술절입니다.

예 철수는 머리가 길다.

다람쥐는 앞니가 길다.

할머니는 정이 많으시다.

┃ **인용절** ┃ 다른 사람의 말을 인용한 것이 절의 형식으로 안긴문장입니다.

예 그는 "자유가 아니면 죽음을 달라"라고 말했다. → 직접인용절

나는 그에게 인생은 존엄하다고 말했다. → 간접인용절

(2) 이어진 문장

┃ **대등하게 이어진 문장** ┃ '대등하다'는 말은 어느 한편으로 기울어짐 없이 똑같다는 뜻입니다. 이어지는 홑문장들이 의미상, 구조상 동등하다는 뜻입니다. 대등적 연결 어미가 붙어 이루어집니다.

: **대등적 연결 어미** ┃ '-고, -며'(나열), '-지만, -든지, -나'(대조)처럼 의미상 앞뒤 문장을 대등하게 이어주는 어미입니다.

예 세월은 가고, 나도 떠난다. (나열)

하늘도 맑고, 바람도 잠잠하다. (나열)

그는 얼굴은 잘 생겼지만 행동이 거칠다. (대조)

┃ **종속적으로 이어진 문장** ┃ '종속'이란 무언가를 따라가고 무언가에 딸려있다는 뜻입니다. 약한 나라가 강대국에 비해 힘이 기울어 어떤 관계를 맺을 때 딸려간다면 '종

속되어 있다'고 표현하지요. 소작인이 지주에게 종속되어 있다, 작은 중소기업이 거대 재벌기업에 종속되었다와 같은 표현들을 보세요. 종속적으로 이어진 문장은 어느 한 쪽이 중심이고, 다른 한 쪽은 딸려가는 것이겠지요. 앞 절과 뒤 절의 의미 관계가 독립적이지 못하고 종속적일 때 종속적으로 이어진 문장이라고 합니다. 다양한 종속적 연결 어미가 사용됩니다.

: 종속적 연결 어미 | '-(아)서'(원인), '-(으)려고'(의도), '-(으)면'(조건), '-(으)ㄹ지라도' (양보), '-는데'(배경) 등의 어미입니다.

예 눈이 와서 길이 막혔다. (원인) → '길이 막혔다.'가 중심 문장인 셈이지요. '눈이 왔다.'는 길이 막힌 원인이 되는 문장입니다.

밥을 먹으려고 식당에 들어갔다. (의도)

내가 대학에 합격하면 부모님께서 기뻐하실 것이다. (조건)

어떤 일이 일어날지라도 나의 의지는 꺾을 수 없다. (양보)

철수가 밥을 먹는데, 저쪽에서 소리가 들렸다. (배경)

〈문장의 짜임 한눈에 보기〉

문장의 종류			내용
홑문장		주어와 서술어의 관계가 한 번만 나타나는 문장	
겹문장		주어와 서술어의 관계가 두 번 이상 나타나는 문장	
	안은문장 (홑문장이 문장 속에 안긴문장이 되어 들어감. 안긴문장은 절.)	명사절	안긴문장이 문장 속에서 명사처럼 쓰임
		관형절	안긴문장이 관형어 역할
		부사절	안긴문장이 부사어 역할
		서술절	안긴문장이 서술어 역할
		인용절	다른 사람의 말을 인용한 것이 절의 형식으로 안김
	이어진 문장 홑문장+홑문장	대등적	홑문장+홑문장(나열, 대조)
		종속적	**홑문장**+홑문장(원인, 조건, 의도, 배경…)

말해보렴 들어줄게

| 화법

사람과 사람 사이에는 건널 수 없는 큰 강이 있는 걸까요? 가끔 길거리에서나 학교에서 싸우는 장면을 볼 때가 있습니다. 가만히 듣다 보면 괜한 싸움인 것 같이 느껴집니다. 상대방의 말을 제대로 이해했거나, 조금만 더 배려심을 가지고 이야기했더라면 싸움이 일어나지 않았을 텐데 말입니다.

장면1

버스가 달리고 있다. 운전기사는 교대시간에 쫓겨서인지 급하게 운전을 했습니다. 길도 구불구불하고 울퉁불퉁해서 버스 안의 사람들은 흔들리면서 목적지를 향해 가고 있었지요.

승객1 : 아, 기사 양반! 운전을 뭐 이따위로 해요. 위험하잖아.

기사 : 교대시간이 급해서 어쩔 수가 없네요.

승객1 : 급해도 그렇지 이렇게 난폭 운전을 하면 어떻게 해!

기사 : 아니, 당신이 날 언제 봤다고 반말이야.

승객1 : 뭐? 당신? 너 몇 살이야?

장면2

어느 고등학교 수업 시간 토론이 시작되었습니다. 주제는 '청소년의 인터넷 심야 게임은 규제해야 한다.'입니다.

수돌 : 저는 찬성 입장입니다. 동화 속의 신데렐라는 밤 12가 되면 마법이 풀려 현실로 돌아오지요. 왜 12시라는 시간의 제한이 있을까요? 그 시간을 넘으면 인간의 건강이나 가정생활 등 여러 면에서 폐해가 생기기 때문입니다. 밤 12시부터 아침 6시까지 청소년들의 인터넷 심야 게임을 금지한 것은 어느 정도 인류의 문

화적 습속에서 비롯된 제안이라고 봅니다.

병서 : 말도 안 됩니다. 그런데 왜 청소년들만 금지하는 겁니까? 어른들은 강철 인간인가요? 어른들은 가정생활도 없습니까? 왜 청소년만 갖고 난리들입니까? 왜 청소년들을 통제하는 거예요?

은희 : 청소년에게 규제가 필요한 이유는 청소년의 자제심 부족 때문입니다. 우리 친구들을 보세요. 어제 새벽에도 게임 초대 문자가 울려서 제가 잠을 못 잤습니다. 왜 그렇게 게임을 하는 건가요? 공부할 시간도 없는데 게임에 빠져있다니 정말 문제입니다.

　장면1과 장면2는 모두 말하기 방식에 문제가 있지요? 장면1에서 다툼이 시작된 것은 운전을 위험하게 한다는 것 때문이었습니다. 그러다가 말투 때문에 서로 감정이 상하고 급기야는 나이를 따지게 됩니다. 논점을 벗어났고 감정에 휩쓸리고 있는 것이지요. 장면2도 문제가 있습니다. 자기의 의견을 차분하게 전개하기보다는 감정에 휩쓸리거나, 자기와 의견이 다른 상대방을 인신공격하기도 합니다. 우리 속담에 '말 한마디로 천 냥 빚을 갚는다.'는 말이 있습니다. 말하기 방식을 잘 지키고 적절한 내용을 담아 말을 할 때 다른 사람을 잘 설득할 수 있고, 좋은 인간관계를 유지할 수 있습니다. 의사소통을 통해 더 나은 방향을 찾아 갈 수도 있고요. 말하기의 방법, 즉 화법을 배우는 것은 그래서 중요합니다.

01　화법의 개념과 기본 요소	**(1) 화법의 개념**
	(2) 화법의 기본 요소 – 화자/ 청자/ 메시지(전언)/ 화법의 맥락

02
화법의 유형에
따른 갈래
	(1) 대화
	❶ 대화의 개념
	❷ 대화의 원리
	– 협력의 원리(대화 함축)/ 공손성의 원리
	
	(2) 협상
	❶ 협상의 개념
	❷ 협상의 절차와 방법
	– 협상의 절차와 방법
	– 협상의 시작 단계
	– 협상의 조정 단계
	– 협상의 해결 단계
	
	(3) 토의
	❶ 토의의 개념
	– 토의/ 토의의 절차와 방법
	❷ 토의의 유형
	– 심포지엄/ 패널 토의/ 포럼/ 원탁 토의/ 세미나/ 컬로퀴엄/ 브레인
	  스토밍
	
	(4) 토론
	❶ **토론의 개념** : 토론(논제/ 논거)
	❷ **토론의 유형** : 표준 토론(입론/ 반론/ 평결)/ 반대 신문식 토론/ 토론
	  참여자
	
	(5) 면접
	– 면접/ 폐쇄형 질문/ 개방형 질문/ 보충 질문
	
	(6) 발표와 연설
	– 발표/ 연설

화법의 개념과 기본 요소

(1) 화법의 개념

▌**화법**│ 화법이란 구두 언어를 통해 생각과 느낌을 주고받는 행위입니다. 즉 말하고 듣는 방식입니다. 화법을 배우고 화법 능력을 기르는 것은 우리가 살아가는 삶 속에서 여러 가지 문제를 말하고 듣는 의사소통의 기술을 익히기 위해서지요.

    : 구두 언어│ 마주 대하여 입으로 하는 말. 문자언어와 대비되는 개념입니다.

(2) 화법의 기본 요소

    화법의 가장 기본적인 요소는 말하는 이와 듣는 이입니다. 두 사람 사이에 메시지가 있고, 그 메시지는 맥락 속에서 소통됩니다.

▌**화자**│ 말하는 이. 말할 내용을 만들어내는 사람을 가리킵니다.

▌**청자**│ 듣는 이. 말의 내용을 받아들이는 사람을 가리킵니다.

▌**메시지(전언)**│ 주고받는 말의 내용을 가리킵니다. 말의 내용은 언어적 메시지와 관계적 메시지의 속성을 다 가지고 있어요. 예를 들어 '선생님은 철수를 믿는다.'라는 말의 언어적 메시지는 말 그대로 선생님은 철수를 믿는다는 내용이지요. 이 안에는 언어적 메시지라는 정보 외에 화자와 청자의 관계가 담겨 있습니다. 철수와 선생님은 학생과 선생님 관계이며, 선생님은 철수를 믿고 격려한다는 관계적 메시지가 담겨 있는 셈이지요. 그리고 이러한 관계적 메시지에 영향을 미치는 요소가 반언어적, 비언어적 표현입니다.

    : 반언어적 표현│ 언어 표현에 영향을 주는 소리의 높낮이, 어조, 속도, 소리의 크기 등입니다.

    : 비언어적 표현│ 몸동작, 표정, 옷차림 등 메시지에 영향을 주지만 언어가 아닌 비언어적 요소들로 이루어져 있습니다.

▌**화법의 맥락**│ 의사소통이 이루어지는 시간 · 공간적인 상황이나, 사회 문화적 맥락을 말합니다.

② 화법의 유형에 따른 갈래

화법의 유형은 그 화법에 참여하는 사람들의 관계가 공적인가, 사적인가에 따라 공적인 화법과 사적인 화법으로 나뉩니다. 또 일대일(一對一)의 관계인가, 일대다(一對多)인가, 아니면 집단적인가에 따라 대화, 대중 화법, 집단 화법으로 나눌 수 있습니다. 대화는 상대방과 직접 마주 대하고 이야기하는 방식이고, 대중 화법은 여러 사람 앞에서 주로 혼자 이야기하는 발표나 연설 같은 말하기 방식입니다. 집단 화법은 토론이나 토의, 회담처럼 여러 사람이 함께 모여 집단으로 이야기하는 방식입니다.

(1) 대화
❶ 대화의 개념
▌**대화** │ 대화는 두 사람 이상이 모여 서로의 생각과 느낌을 표현하고 이해하는 말하기 방식입니다. 대화는 대화의 상황에 따라 공적인 대화와 사적인 대화로 나눌 수 있지요. 사적인 대화는 친구나 가족, 지인들과 개인적으로 주고받는 말이며, 공적인 대화는 방송 대담, 회견, 회담 등이 있습니다.

❷ 대화의 원리
주변에서 대화를 할 때 들어보면 자기 이야기만 하는 경우, 상대방을 고려하지 않고 막말을 하는 경우 등 원활한 대화가 이루어지지 않을 때가 많아요. 대화를 할 때에는 우리가 의식하고 하는 것은 아니지만 지켜야 할 일정한 원리가 있을 것입니다.

▌**협력의 원리** │ 우선 대화를 할 때 대화의 목적에 필요한 만큼의 정보를 전해줘야겠지요. 나는 알지만 상대방이 이야기를 다 알아들으려니 하면서 말한다면 대화가 잘 이뤄지지 않을 거예요. 또 허황된 이야기나 근거 없는 이야기를 해서도 안 될 거구요. 대화의 목적이나 주제와 관련된 말을 해야 하며, 아리송한 표현을 피하고 간결하고 조리 있게 말해야 합니다.

이런 내용들을 고등학교에서 다시 배울 때는 '양의 격률, 질의 격률, 관련성의 격률, 태도의 격률' 등의 개념으로 배우게 됩니다. 속 내용은 똑같아요.

: 대화 함축 | 위에서 이야기한 협력의 원리를 의도적으로 벗어남으로써 말하고자 하는 의도를 함축적으로 전달하는 것을 대화 함축이라고 합니다.

> 철수 : 영희야, 내일 영화 구경하러 갈래?
> 영희 : 요즘엔 학교에서 숙제를 많이 내는 것 같아.

영희는 철수가 영화 구경하러 가자는 것에 대해 즉답을 피하고 있지만, 숙제가 많다는 말을 하며 간접적인 거절 의사를 함축적으로 전달한다고 볼 수 있습니다.

┃공손성의 원리 | 공손하지 않은 표현은 최소화하고 공손한 표현은 극대화하는 것입니다. 상대방에게 부담이 되는 표현은 최소화하고 이익이 되는 표현을 최대화 해야겠죠. 상대방을 헤아려주고 칭찬해주고, 나를 낮추고, 상대방에게 공감하는 표현을 하는 것이 중요합니다. 아래와 같은 말들이 공손함을 잘 드러내주는 예가 될 거예요.

"제가 이 짐을 옮기고 있어서 손이 모자라는데 종이를 집어주실 수 있으세요?"

"선생님. 제가 영어 문법 기초가 약해서 이해를 잘 못했습니다. 죄송하지만 한 번 더 설명해 주시겠어요."

"정말 맛깔스럽게 음식을 만드시는군요."

"여러분들이 도와줘서 이 일을 해낼 수 있었어요."

"듣고 보니 그 말씀이 타당합니다."

(2) 협상

❶ 협상의 개념

┃협상 | 협상은 이익과 관련된 갈등이 있을 때 이뤄지는 말하기 방식입니다. 둘 이상의 주체들이 서로의 이해관계를 해결하기 위해 모여 합의하고 대안을 찾아가는 공동 의사결정과정이지요. 우리나라와 다른 나라의 무역 협상을 생각해 보세요. 각각 자기 나라의 이익을 극대화하기 위해 어떤 것을 어느 정도 수입할지 협상하고, 어떤 제재를 하거나 푸는 등 숱한 조정의 과정을 거칩니다. 시장에서 물건 가격을 흥정하는 것도

협상의 또 다른 모습인 셈입니다.

❷ 협상의 절차와 방법

| **협상의 절차와 방법** | 회사와 회사, 국가와 국가 간에 이해관계가 충돌하는 일은 무수히 많습니다. 이럴 때 협상이 이루어지는데 협상은 상황에 따라 다양한 방식과 절차로 이루어지겠지요. 대개는 시작 단계, 조정 단계, 해결 단계로 나눌 수 있습니다.

| **협상의 시작 단계** | 참여자들이 서로의 기본 입장을 확인하는 단계입니다.

| **협상의 조정 단계** | 서로의 입장을 밝히고 구체적인 대안을 제시하는 단계입니다.

　: 조정 | 어떤 기준이나 상황에 맞게 정리하는 일

| **협상의 해결 단계** | 대안들을 잘 정리하여 합의에 이르는 단계입니다.

(3) 토의

❶ 토의의 개념

| **토의** | 여러 사람이 모여서 공동의 문제를 해결하기 위해 협의하는 화법의 한 형태입니다. 우리가 학급회의 시간에 하나의 주제를 놓고 의견을 모아가는 과정을 생각하면 되겠지요. 예를 들어 '봄 소풍을 어디로 갈 것인가?', '지각을 없애려면 어떻게 해야 하는가?' 등이 토론의 주제가 될 수 있을 거예요.

| **토의의 절차와 방법** | 토의는 의견을 자유롭게 나누면서 공동의 목적을 달성하는 최선의 방안을 찾아내는 것이 목적입니다. 그러기 위해서는 문제를 확인－문제를 분석－대안 찾기－평가하기－적합한 대안 확정의 순으로 진행됩니다.

❷ 토의의 유형

| **심포지엄** | 토의 주제에 대해 두 사람 이상의 전문가가 서로 다른 각도에서 의견을 발표하고 청중의 질문에 답하는 형식의 토의입니다. 발표자 간의 질의응답이나 토론은 없습니다. 청중은 주제에 대한 전문적인 의견을 들을 수 있습니다.

| **패널 토의** | 토의 문제에 대해 서로 의견이 다른 5명 안팎의 전문가가 청중 앞에서 서로 의견을 주고받는 형식의 토의입니다. 토의자는 다양한 각도에서 논의를 하게 되

고, 청중은 깊이 있는 논의 과정과 내용을 통해 합당한 대안을 생각해 볼 수 있지요.

▌포럼 한 전문가가 어떤 문제에 대한 해결 방안을 발표하고 청중의 질문을 받고 대답하는 식으로 진행하는 토의 방식입니다. 청중의 참여도가 높으므로 진행자가 질의응답의 순서나 규칙을 미리 알려주고 진행하는 것이 좋습니다.

▌원탁 토의 '원탁'은 둥근 탁자를 말하지요. 여러 사람이 둘러앉아 자유롭게 자신의 의견을 말하는 형식입니다. 참가자들 모두 등등한 위치에서 자신의 의견을 발표할 수 있지만 논의되는 내용이 잘 모아지지 않고 산만해질 수 있습니다.

▌세미나 연구자가 학술 논문을 발표한 뒤에 참석자의 질의응답으로 의견을 나누는 토의입니다.

▌컬로퀴엄 권위 있는 전문가를 초빙하여 발표하는 것은 세미나와 유사하지만 다른 사람의 의견을 바로잡을 목적으로 진행하는 점이 세미나와 다른 점입니다.

▌브레인스토밍 자유로운 토론으로 창조적인 아이디어를 이끌어내는 토의 형식입니다. 기업의 기획회의 등에서 참석자들이 새롭고 기발한 의견을 자유롭게 제시할 수 있도록 선택하는 토의 방식이기도 합니다. 여기서는 비판이나 반박보다 가능한 많은 의견이 나올 수 있도록 해야 합니다.

(4) 토론
❶ 토론의 개념

▌토론 어떤 논제에 대해 찬성과 반대 측이 각각 논거를 들어 자신의 주장이 합당함을 입증해나가는 화법의 한 형태입니다. 토의가 어떤 안건에 대해 의견을 모으는 과정이라면 토론은 자신의 의견을 주장하여 상대방을 설득하고 옳고 그름을 밝히는 것이지요. '사형 제도를 존속할 것인가?', 'SNS는 사회 발전에 기여한다.', '고교평준화는 타당하다.' 등이 논제의 예가 될 수 있습니다.

  : 논제 토론의 주제 토론에서 해결하고자 하는 문제를 말합니다. 토론의 논제는 찬반 대립이 가능해야 하며 하나의 주장이어야 합니다.

  : 논거 주장을 뒷받침하는 내용을 논거라고 합니다. 무조건 자기 의견을 주장해서는 설득력이 없지요. 주장의 타당성과 신뢰성, 적합성을 뒷받침하는 증거 자료가 있어야

겠지요. 사실 증거 자료, 통계, 사례 등의 사실 논거와 전문가의 의견이나 증언 등의 의견 논거 등이 있습니다.

❷ 토론의 유형

우리가 흔히 생각하는 토론은 주로 찬반으로 나뉘어 서로의 입장을 나누는 것입니다. 그러나 찬반 입장을 드러내고 상대방을 설득해나가는 과정은 다양하게 전개될 수 있습니다. 몇 가지 토론 방식을 살펴보기로 해요.

┃ **표준 토론(고전적 토론)** ┃ 논제에 대해 찬성 측과 반대 측으로 나누어 입론, 반론, 평결 순으로 진행합니다. 토론 참여자는 번갈아가며 입론과 반론을 진행하며 청중 또는 배심원들이 거수나 투표로 평결을 합니다.

　　: 입론 ┃ 논제에 대해 자신이 취한 입장을 내세움.

　　: 반론 ┃ 상대방의 입론에 대한 반대 입장을 전개함.

　　: 평결 ┃ 어떤 의견을 취할지 입장을 결정함.

┃ **반대 신문식 토론(상호 질의형 토론)** ┃ 논제에 대해 찬성과 반대 측이 입론, 반대 심문(교차조사), 반박의 과정을 거치며 토론하는 방식입니다.

┃ **토론 참여자** ┃ 토론을 진행하는 사회자와 토론자, 심사자, 청중 등으로 구성됩니다. 참여자는 토론의 규칙을 잘 지켜야 하겠지요. 사회자는 어떤 형태의 토론이냐에 따라 의견 조율을 하기도 하며 매끄럽게 토론을 이끌어가야 합니다. 토론자는 규칙을 지키는 것은 물론 상대방의 의견을 잘 들어야 하며 자신의 주장을 논리적으로 발표할 수 있어야 합니다.

(5) 면접

입학을 위한 면접, 취업을 위한 면접, 동아리 면접……. 면접은 우리 생활 속에서 하나의 관문이 되곤 합니다. 면접의 종류도 공개 여부, 참여자 수 등에 따라 여러 가지입니다. 공개 면접, 비공개 면접. 일대일 면접, 일대다 면접, 그룹 면접 등이 있겠지요. 면접자는 자신의 목적에 맞는 사람을 선택하기 위한 전략을 세울 것이고, 폐쇄형 질문, 개방형 질문, 보충형 질문 등 여러 질문을 던질 것입니다. 피면접자는 면접에 통과하기 위해 질문에 대한 대답 등을 면접의 목적과 상황에 맞게 준비할 것입니다.

▎**면접** │ 대상자의 능력이나 인품, 어떤 단체 일원으로서의 적절성 등을 평가하기 위한 정보를 수집하기 위한 공식적 대화의 한 유형입니다.

▎**폐쇄형 질문** │ '폐쇄'란 꽉 닫혀 있다는 뜻이지요. 폐쇄형 질문이란 답이 정해진 질문이라고 볼 수 있습니다. 면접자가 확인하고자 하는 어떤 사항에 대해 구체적으로 제시하는 질문이지요.

> 예 우리 회사에 입사하면 어떤 부서에서 일하고 싶습니까? 그 부서가 하는 일에 대해 알고 있는 바를 말씀해 주십시오.

▎**개방형 질문** │ '개방'이란 열려 있다는 뜻이지요. 답이 정해져 있지 않은 질문입니다. 답변자가 두루 생각하여 말할 수 있게 하는 질문입니다.

> 예 동아리에 와서 활동할 때, 선후배의 갈등이 생긴다면 어떻게 대처하겠습니까?

▎**보충 질문** │ 답변자의 답변이 아리송할 때, 또는 더 구체적인 정보를 원할 때 하는 질문입니다.

> 예 다양한 봉사활동을 통해 우리 사회의 문제점을 깨달았다고 말씀하셨는데 가장 인상적인 봉사활동 내용을 구체적으로 말씀해 주시겠습니까?

(6) 발표와 연설

▎**발표** │ 여러 사람 앞에서 자신의 생각이나 의견 또는 어떤 사실에 대해서 말하는 방식입니다. 연구하고 조사한 것을 청중에게 알려주는 발표도 있고, 어떤 주제에 대한 의견을 논리적으로 제시하여 청중을 설득하는 목적의 발표도 있습니다.

▎**연설** │ 한 사람의 연설자가 여러 명의 청중을 대상으로 하여 특정한 목적을 가지고 말하는 공적인 말하기 형태입니다. 정보 전달을 목적으로 할 때도 있고, 설득을 목적으로 할 때도 있습니다. 분위기를 부드럽게 하기 위한 친목 모임의 연설도 있겠지요. 연설자는 어떤 목적으로, 어떤 장소에서, 어느 정도의 시간에, 어떤 규모의 청중에게 연설하느냐를 염두에 두고 준비해야 합니다. 또한 연설은 많은 사람을 대상으로 하는 말하기이므로 공적이고 윤리적 성격이 강한 말하기입니다.

18 인생은 **표현**이다
수사법

'언어는 사상의 옷이다.'라는 말이 있습니다. 같은 생각을 가진 말이라도 어떻게 표현하느냐에 따라 달라질 수 있다는 뜻일 거예요. 같은 사람이라도 어떤 옷을 입고 있느냐에 따라 다른 느낌을 주기도 하니까요.

자기 처지에 맞지 않는 것을 따라 하려는 사람에게 '뱁새가 황새 따라가다 가랑이가 찢어진다.' 말조심 하라는 이야기를 해줄 때 '낮말은 새가 듣고, 밤말은 쥐가 듣는다.'는 속담을 빌려 이야기하기도 하지요.

어느 드라마 한 장면을 볼까요. 여자를 향해 자기 마음을 고백하는 남주인공.

"어디서 타는 냄새가 나지 않아요?"

여자는 어리둥절합니다. 그러나 곧 그 말뜻을 이해하지요.

여자를 향한 남자의 마음이 사랑에 불타고 있다는 말입니다. 당신을 뜨겁게 사랑한다는 말을 이렇게 비유적으로 표현한 것이지요. 오글거리지만 듣는 사람에 따라서는 감동이 넘치는 말이겠지요. 같은 뜻으로 말해도, 어떻게 말하느냐에 따라 달라집니다. 이것이 바로 표현의 묘미입니다. 우리는 늘 우리 생각을 표현하면서 살아가지요. 이제 다양한 표현방식들에 대해 알아보기로 해요.

01 수사법	(1) **비유법** – 직유법/ 은유법/ 상징법(원형 상징/ 관습적 상징/ 창조적 상징)/ 풍유법/ 대유법(제유법/ 환유법)/ 활유법/ 중의법/ 의인법/ 의태법/ 의성법
	(2) **강조법** – 과장법/ 대조법/ 현재법/ 영탄법/ 열거법/ 반복법/ 미화법/ 점층법/ 점강법
	(3) **변화법** – 설의법/ 대구법/ 돈호법/ 인용법/ 도치법/ 역설법/ 반어법

수사법이란 지은이가 자기의 사상과 감정을 독자에게 효과적으로 전달하기 위해서 언어를 잘 가다듬어 특정한 방식으로 담아내는 문장 표현의 방식입니다. '표현기법'이라 할 수 있지요. 크게 비유법, 강조법, 변화법으로 나누어 볼 수 있어요.

(1) 비유법

우리는 여러 수사법 중에 '비유법'을 가장 많이 쓰는 것 같습니다. 돈 아끼는 친구에게 '넌 구두쇠야'라고 한다든가, 사랑하는 사람에게 '너 없는 세상은 팥 없는 단팥빵이야'라고 한다든가. 비유법이란 어떤 사물이나 생각을 비슷하거나 관련 있는 다른 사물이나 생각에 연결시켜, 선명한 인상을 주거나 함축성 있는 뜻을 담아내는 표현기법이지요.

위에서 '너', '너 없는 세상'은 원관념이고, '구두쇠', '팥 없는 단팥빵'은 보조관념, 또는 비유관념이라 부르지요.

: **원관념** │ 나타내려고 하는 원래의 사물이나 생각을 말해요.

: **보조관념** │ 빗대어 표현하는 사물이나 생각을 말해요.

▎**직유법** │ 비유법 중 가장 직접적으로 비유하는 방식입니다. 보조관념에 '~처럼', '~듯이', '~인 양', '~같이' 등을 붙여 직접 비유하지요.

　囫 너의 맑은 눈은 밤하늘에 빛나는 별과 같구나.

　구름에 달 가듯이 가는 나그네 – 박목월 〈나그네〉

▎**은유법** │ 직유법이 직접적으로 드러나게 비유하는 것이라면, 은유법은 은근하게 숨겨 비유하는 표현방식입니다. 원관념을 A, 보조관념을 B라 하면 'A는 B이다'처럼 표현합니다.

　囫 너는 바람 불꽃 햇살/ 우리들 어둔 삶에 빛 던지고/ 스러지려는 불길에 새 불 부르는/ 불꽃이다 바람이다 아우성이다 – 신경림 〈햇살〉

이것은 소리 없는 아우성,/ 저 푸른 해원을 향하여 흔드는/ 노스탤지어의 손수건! – 유치환 〈깃발〉

▎**상징법** │ 어떤 사물 또는 관념의 특징이나 뜻을 다른 사물이나 관념으로 함축적으로 표현하는 방법입니다. 어? 은유와 상징은 어떻게 다를까 궁금한 사람이 있을 거예요. 은유는 원관념과 비유관념이 분명하게 파악되는 것이지만 상징은 상징 자체에 함축성이 담긴 표현입니다. 상징은 몇 가지로 나눠볼 수 있습니다.

   : 원형 상징 │ 원형이란 모든 인류에게 공통적인 의미를 띠는 상징입니다. '태양'은 빛, 밝음 등을, '어둠'은 죽음을 상징하는 것이나, '겨울'은 소멸이나 죽음을 상징하는 것 등은 인류에게 어느 정도 공통적이지요.

   : 관습적 상징 │ 사람들 사이에서 오랜 시간 동안 반복하여 사용되면서 자연스럽게 형성된 상징입니다. 비둘기가 '평화'를 상징하거나, 십자가가 '희생' 또는 '기독교'를 상징하는 것이 그 예죠. 조금 흔한 느낌이 드는 상징이라 할 수 있지요.

   : 창조적 상징 │ 맥락 속에서 함축적 의미를 파악할 수 있는 개인적 상징, 문학적 상징입니다.

   예 어두운 방 안엔/ 바알간 숯불이 피고, // 외로이 늙으신 할머니가/ 애처로이 잦아드는 어린 목숨을 지키고 계시었다. // 이윽고 눈 속을/ 아버지가 약(藥)을 가지고 돌아오시었다. // 아, 아버지가 눈을 헤치고 따오신/ 그 붉은 산수유 열매…. – 김종길 〈성탄제〉 → 산수유 열매는 아버지의 사랑을 상징해요.

▎**풍유법** │ 속담, 격언, 우화 등을 통해 말하고자 하는 바를 나타내려는 표현방식입니다. 이 비유는 보조관념만으로 표현하는 셈입니다. 뭐든 성급하게 하려는 사람이 있을 때 '우물에 가서 숭늉 찾겠다'라고 말하지요. 서두르지 말고 차근차근 하라는 말이 원관념이고 속담이 보조관념인 셈이지요. 무언가에 익숙하고 잘하는 사람이 실수를 하면 '원숭이도 나무에서 떨어질 때가 있다'고 말하기도 하지요. 상황만 맞으면 속담, 격언, 잘 알려진 우화 등에 빗대어 멋진 표현을 할 수 있지요.

▮ **대유법** ᴵ 부분으로 전체를 대표하게 하거나, 말하고자 하는 대상이나 관념을 그 특징으로 대신 표현하는 방식이지요. 대유법과 관련된 이야기가 있지요. 프랑스 대혁명 당시 민중들이 왕궁으로 몰려갔습니다. 그들은 "빵을 달라"고 외쳤어요. 사치로 이름 높은 마리 앙투아네트 왕비는 "왜 빵을 달라고 하지? 빵이 없으면 쿠키를 먹으면 되잖아."라고 했다나요. 민중들이 외친 '빵'은 먹을 것을 두루 일컫는 말이었는데요. 대유법을 모른 걸까요? 일부러 모른 척한 것일까요. 대유법을 조금 더 자세히 나눠보면 제유와 환유로 나눌 수 있습니다.

: **제유법** ᴵ 일부분으로 전체를 대신하게 한다든가, 특수한 것을 나타내는 명사를 전체 또는 일반적인 것을 가리키는 의미로 사용합니다.

예 우리에게 빵을 달라. (빵 – 식량)

약주 드십시오. (약주 – 술)

우리에겐 내일이 있어. (내일 – 미래)

: **환유법** ᴵ 표현하고자 하는 대상을 나타내기 위하여 그 대상의 특징이나 그것과 밀접한 관계가 있는 것을 사용하여 표현하는 방법입니다.

예 난 핫바지가 아니야. (핫바지 – 시골뜨기, 또는 실제 힘없고 이름만 내세운 사람)

넌 가방끈이 길구나. (가방끈 – 학력. 학교에 들고 가는 책가방으로 학력이 있음을 나타냄)

▮ **활유법** ᴵ 무생물을 생명이 있는 것으로 취급하여 표현하거나 감정이 없는 사물을 감정이 있는 것처럼 표현하는 방식입니다. 의인법과 활유법을 정확하게 구분하기는 쉽지 않아서 대개 같은 표현으로 보기도 합니다.

예 저 산이 내게로 다가왔다.

▮ **중의법** ᴵ 하나의 말이 서로 다른 둘 이상의 뜻을 지니게 하는 표현방식입니다.

예 아! 강낭콩꽃보다도 더 푸른 그 물결 위에 – 변영로 〈논개〉 : 물결은 실제의 물결이기도 하지만 이 시를 읽어보면 역사의 흐름이라는 의미도 찾아낼 수 있어요.

▎의인법 │ 사람이 아닌 사물에 인격을 부여하여 말하는 표현 방식입니다.

예 오직 한 가닥 있어/ 타는 가슴속 목마름의 기억이/ 네 이름을 남몰래 쓴다, 민주 주의여 – 김지하 〈타는 목마름으로〉 : '민주주의'라는 관념을 사람 이름 부르듯 부르고 있지요.

▎의태법 │ 사물의 모양이나 상태를 본뜬 말을 사용하는 표현방식입니다. 즉 의태어를 사용한 표현이지요.

예 방글방글 웃는 아기, 성큼성큼 걸어간다.

▎의성법 │ 사물의 소리를 본뜬 말(의성어)을 사용하는 표현방식입니다.

예 접동/ 접동/ 아우래비 접동/ 진두강 가람가에 살던 누나는/ 진두강 앞마을에/ 와 서 웁니다. – 김소월 〈접동새〉

(2) 강조법

표현하는 내용을 보다 강조하여 두드러진 인상과 감명을 주기 위해 사용하는 표현 기법들입니다.

▎과장법 │ 사물의 규모나 정도를 실제보다 확대하거나 축소하여 강조하는 방식의 표 현기법이죠. "함성 소리가 하늘을 찔렀다."라든가 "내가 전봇대를 뽑아 이를 쑤시든 네가 무슨 상관이야." 같은 말이 그 예입니다. 어떻게 함성이 하늘을 찌를 수 있겠어 요? 어떻게 전봇대로 이를 쑤실 수 있겠어요. 그만큼 강렬하게 표현하는 것이지요. 과 장법은 잘하면 선명한 인상을 주지만 잘못하면 거짓말쟁이가 될 수도 있겠네요.

예 천만 리 머나먼 길에 고운 님 여의옵고 : 왕방연이 단종을 영월에 유배시키고 돌 아오며 쓴 시조의 한 구절입니다. 다시 올 길 없는 임금에 대한 안타까움과 심리 적 거리감을 강조하기 위해 '천만 리'라는 과장된 표현을 쓴 것이겠죠.

▎대조법 │ "너는 얼굴이 하얀데, 저 아이는 참 검구나." 흰색과 검은색의 대조로 인상

깊게 대상을 드러내고 있지요. 뜻이나 정도가 서로 반대되는 사물을 맞세워 내용을 두드러지게 나타내는 표현방식입니다.

> 예 인생은 짧고 예술은 길다. : 의미의 대조
>
> 강낭콩꽃보다도 더 푸른 그 물결 위에 양귀비꽃보다도 더 붉은 그 마음 흘러라. : 색채의 대조

▍현재법 │ 과거나 미래를 현재처럼 나타내어 생생함을 더해줍니다.

> 예 매운 계절의 채찍에 갈겨/ 마침내 북방으로 휩쓸려 오다. – 이육사 〈절정〉

▍영탄법 │ 감탄하는 말로써 감정을 강하게 나타냅니다. 감탄사를 쓰기도 하지만 감탄형으로 표현하기도 하지요.

> 예 산산이 부서진 이름이여! 허공중에 헤어진 이름이여! – 김소월 〈초혼〉
>
> 고운 폐혈관이 찢어진 채로/ 아아, 너는 산새처럼 날아갔구나! – 정지용 〈유리창〉

▍열거법 │ 내용상 하나로 연결되는 어구를 늘어놓아 강조하는 방식입니다. 열거와 반복의 차이는, 열거가 대등한 것들을 나열하는 것이라면 반복은 같은 것을 반복하는 것이지요. 아래의 예는 반복과 열거가 다 들어가 있네요. '별 하나에'를 반복하면서 대등한 그리움의 대상인 '추억', '사랑', '어머니' 등을 열거하고 있으니까요.

> 예 별 하나에 추억과, 별 하나에 사랑과, 별 하나에 쓸쓸함과, 별 하나에 동경과, 별 하나에 시와, 별 하나에 어머니, 어머니 – 윤동주 〈별 헤는 밤〉

▍반복법 │ 같은 단어나 구절을 반복하여 뜻을 두드러지게 하는 표현방식입니다.

> 예 산에는 꽃 피네, 꽃이 피네. 갈 봄 여름 없이 꽃이 피네. – 김소월, 〈산유화〉

▍미화법 │ 추한 것 또는 그리 좋지 못한 의미를 지닌 것을 좋고 아름다운 것으로 표현하는 방식입니다. 무도회에서 춤 신청을 받지 못하고 벽에 기대어 서있어야만 했던 안타까운 여인들을 가리켜 'wall flower(벽의 꽃)'이라 표현하기도 했는데 그 같은 표현

방식이 미화법이겠죠. 담 넘고 지붕 위를 살금살금 내려와 물건을 훔치는 도둑을 양상군자(梁上君子 – 지붕 위의 군자)라고 표현한 것도 미화법입니다. 어느 영화에선가 등장인물이 자기 남편이 단두대에서 목이 잘려 죽었다는 말을 '단두대에 예를 표하였습니다.'라고 하더군요. 그것 역시 미화법이지요.

> ㉠ 거리의 천사 : 거지를 표현
>
> 죽음을 입 맞추었네. – 변영로 〈논개〉 : 죽었다는 표현

점층법 | 층계를 올라가듯 점점 강해지는 표현입니다. 강도를 점차 높이거나 넓혀 그 뜻을 강조하지요.

> ㉠ 눈은 살아 있다/ 떨어진 눈은 살아 있다/ 마당 위에 떨어진 눈은 살아 있다. – 김수영 〈눈〉 : 의미의 강도를 점점 높여가지요?

점강법 | 비행기가 하늘에서 내려올 때 '하강(下降)'한다고 합니다. 스키 타는 사람들이 아래로 미끄러져 내려올 때 '활강(滑降)'한다고 하지요. 왜 이런 이야기를 하느냐고요? 점강법이란 점점 내려오는 표현방식이란 말을 하기 위해서입니다. 그러니까 점강법은 점층법과 반대인 셈이에요.

> ㉠ 그런 행동을 함으로써 너는 사랑하는 사람들을 잃었다. 주변의 친구들을 잃었다. 그리고 우리를 잃었다. 나까지도 잃었다.

(3) 변화법

단조로운 문장에 변화를 주어 독자의 주의를 환기시키는 표현기법들이지요. 묻는 식으로 표현하기도 하고, 운율을 맞추기도 하고, 말을 바꾸기도 하는 등 다양한 방법들이 있습니다.

설의법 | 다 아는 사실, 또는 명확한 답인데도 물음의 형식으로 나타낸 표현방식을 말합니다.

> ㉠ 하늘이 파란 걸 누가 모르겠습니까? : 다 안다는 뜻

기쁨도 눈물이 없으면 기쁨이 아니다. / 사랑도 눈물 없는 사랑이 어디 있는가.

　　　－ 정호승 〈내가 사랑하는 사람〉

▌**대구법** ▏앞뒤 가락이 짝지어 맞아 운율감이 느껴지는 표현방식입니다. 앞뒤 구절이나 문장이 비슷한 어조나 구조를 띠면서 나란히 이어지지요.

　　㉘ 호랑이는 죽어서 가죽을 남기고 사람은 죽어서 이름을 남긴다. : 앞뒤 구절의 가락이 맞고 비슷한 구조입니다.

　　돌담에 속삭이는 햇발같이/ 풀 아래 웃음 짓는 샘물같이 － 김영랑 〈돌담에 속삭이는 햇발〉

▌**돈호법** ▏사물을 부르는 형태로써 주의를 환기시키고 변화를 주는 표현방식을 말합니다.

　　㉘ 님이여, 당신은 백 번이나 단련한 금결입니다. － 한용운 〈찬송〉

　　두류산 양단수를 예 듣고 이제 보니/ 도화 뜬 맑은 물에 산영조차 잠겼어라/ 아이야, 무릉이 어디뇨 나는 옌가 하노라 － 조식의 시조

▌**인용법** ▏남의 말이나, 고사, 속담 등 필요한 자료를 가져와 쓰는 표현방식이지요. 멋진 말이나 유명한 사람의 말을 인용하면 표현하고자 하는 바를 더 효과적으로 말할 수 있습니다. 선생님들이 학생들에게 노력하면 공부를 잘할 수 있다는 말씀을 하실 때 단순하게 "공부해라." 하지 않고 "에디슨은 '천재는 99%의 노력과 1%의 영감으로 만들어진다'고 했어. 노력하면 너희도 잘할 수 있다." 이렇게 인용하여 말씀하시곤 하지요.

▌**도치법** ▏말의 차례를 바꾸어 배치하여 변화를 주는 표현방식입니다. 누군가 사랑 고백을 할 때 "너를 사랑해." 하는 것보다는 "사랑해, 너를." 이렇게 변화를 주면 더 와 닿을 때가 있어요.

　　㉘ 기러기들, 너를 소리쳐 부르잖아. 빽빽거리며 달뜬 목소리로—/ 네가 있어야 할 곳은 이 세상 모든 것들 그 한가운데라고. － 메리 올리버 〈기러기〉

┃ 역설법 ┃ 어느 선생님이 이런 이야기를 하십니다.

"요즈음 학교가 많이 변해서 학생들 가르치기가 너무 힘들어요. 사랑과 존경과 신뢰의 관계는 무너졌어요. 이렇게 학교 교사를 하는 데 회의가 들기도 하지요. 그런데 역설적이게도 이 학생들을 가르치며 생계를 이어가고 보람도 얻고 있네요."

아, 인생은 참 역설적인 것들이 많아요. 상반된 두 가지가 다 진실이라는 게 말이 되지 않죠? 하지만 말이 됩니다. 지금 하고 있는 말도 역설이지요! '님은 갔지마는 나는 님을 보내지 아니하였습니다.'라는 한용운 시인의 시 한 부분을 생각해 보세요. 임이 내 곁을 떠난 것도 맞지만 내 마음 속에 임이 살아있는 것도 맞지요. 이렇게 표면적으로는 서로 모순되거나 부조리한 것 같지만 따져보면 진실함을 담고 있는 표현기법입니다.

> 🕮 이것은 소리 없는 아우성 – 유치환 〈깃발〉 : 아우성이란 소리를 크게 지른다는 뜻인데 소리가 없다는 것은 말이 안 됩니다. 하지만 시인은 깃발이 막 흔들리는 것을 아우성치는 것처럼 보는 것이지요. 당연히 거기엔 소리가 없습니다.
> 결별이 이룩하는 축복에 싸여 – 이형기 〈낙화〉 : 결별이란 헤어짐이죠. 헤어짐은 곧 슬픔이거나 아픔입니다. 그런데 그것을 축복이라 말하니 참 모순된 표현이지요. 하지만 꽃이 떨어진 자리에 열매가 매달리니 축복이라는 것도 맞는 말이네요.

┃ 반어법 ┃ 겉으로 나타난 바와 의도하는 바가 정반대가 되도록 표현하는 방식입니다. 어머니들이 자녀들에게 이런 표현을 자주 합니다. 늦잠 자고 부스스 일어난 아이를 향하여 얼굴에 웃음을 띠거나, 살짝 찌푸리면서 "너 차암 부지런하다."라고 하지요. 너 왜 인제 일어났어? 너 왜 그리 게을러 하는 뜻이겠지요.

> 🕮 내 머리는 너를 잊은지 오래 – 김지하 〈타는 목마름으로〉 : 내 머리는 민주주의를 잊은 지 오래라는 표현입니다. 그러나 시의 내용을 보면 정말 민주주의를 잊어버렸다는 뜻이 아님을 알 수 있어요. 화자는 민주주의를 갈망하거든요. 애타게 갈망하는 민주주의를 누린지 오래되었다는 뜻을 담고 있으며 나는 너를 결코 잊지 않았다는 뜻을 담고 있습니다.

자, 이제 한 편의 시를 통해 우리가 배운 표현법들을 좀 익혀 볼까요.

광야

이육사

까마득한 날에
하늘이 처음 열리고
어디 닭 우는 소리 들렸으랴. **– 설의법, 대유법(닭 우는 소리 – 사람의 흔적의 한 부분)**

모든 산맥들이
바다를 연모해 휘달릴 때도 **– 활유법(무생물인 산맥이 휘달린다고 표현, 의인법이라고도 볼 수 있음)**
차마 이곳을 범하던 못하였으리라.

끊임없는 광음을 **– 은유법(광음 – 빛과 그늘은 곧 세월을 뜻함)**
부지런한 계절이 피어선 지고 **– 의인법(계절을 부지런하다고 표현)**
큰 강물이 비로소 길을 열었다. **– 중의법(강 – 강, 역사)**

지금 눈 내리고 **– 상징법(눈 – 시련)**
매화 향기 홀로 아득하니 **– 상징법(매화 향기 – 지조, 절개)**
내 여기 가난한 노래의 씨를 뿌려라. **– 영탄법**

다시 천고의 뒤에
백마 타고 오는 초인이 있어 **– 상징법(초인 – 선각자)**
이 광야에서 목놓아 부르게 하리라. **– 영탄법**

이제 **앎**과 **설득**의 세계로
설명문과 논설문

세상엔 알아야 할 것들이 많습니다. 하루에도 몇 번씩 궁금한 것들이 생기지요. 과자는 어떻게 세상에 나오게 되었을까? 여드름은 왜 생기는 걸까? 세계 여러 나라의 날씨는 어떨까? 우리나라 한복은 어떤 변화를 거쳐 왔을까?

이런 물음에 누군가 대답을 해준다면 어떤 방식으로 말해줄까요? 여러 사람에게 알리기 위해 글을 쓴다면 어떻게 글을 쓸까요? 궁금하다면 우리가 지금까지 읽어 온 교과서를 펼쳐 보세요. 국어 교과서를 제외한 사회, 역사, 과학 등의 교과서를 봐야겠지요. 그 교과서들은 친절하게, 우리가 알아야 할 것들을 '설명'해 주고 있습니다.

교과서만이 아닙니다. 약을 어떻게 먹여야 할지, 물건을 어떻게 조립해야 할지를 모를 때 우리는 설명서를 읽게 되지요. 이렇게 우리를 앎의 세계로 이끄는 글이 설명문입니다.

설명문과 비슷한 글처럼 보이지만 글을 쓰고 읽는 목적이 다른 글이 있습니다. 논설문입니다. 일상생활 속에서 논설문을 읽게 될 기회는 그리 많지 않습니다. 신문의 사설 정도겠지요. 그러나 자기주장을 펼쳐 다른 사람을 설득하는 것은 매우 중요한 일입니다.

설명문과 논설문은 어떤 글인지, 어떻게 쓰고, 어떻게 읽어야 하는지 아는 것은 국어 공부에서 중요한 과정입니다.

01 설명문	**(1) 설명문의 개념**
	(2) 설명문의 특성 – 객관성/ 정확성/ 평이성
	(3) 설명문의 짜임 – 머리말/ 본문/ 맺음말
	(4) 여러 가지 설명 방식 – 정의/ 분석/ 묘사/ 분류/ 예시/ 비교와 대조/ 유추/ 서사/ 과정 　/ 인과/ 논증
	(5) 설명문의 독해 방법 – 단락/ 주요 단락과 보조 단락
02 논설문	**(1) 논설문의 개념**
	(2) 논설문의 특성 – 주관성/ 주장과 근거/ 간결성/ 명료성
	(3) 논설문의 짜임 – 서론/ 본론/ 결론
	(4) 논설문의 논증 방식 – 연역법/ 귀납법/ 변증법
	(5) 논설문의 독해 방법 – 논제

① 설명문

(1) 설명문의 개념

┃ 설명문 ┃ 어떤 사실이나 사물, 원리, 법칙, 개념 등에 대해 알기 쉽게 풀어쓴 글입니다. 정보를 전달하여 이해하도록 하는 것이 목적인 글이지요.

(2) 설명문의 특성

┃ 객관성 ┃ '객관성'이란 보는 사람의 주관에 상관없이 대상의 속성을 바라보는 것입니다. 설명문은 정보를 전달하는 글이므로 사실에 바탕을 둔 객관적이고 공정한 글이어야 합니다.

┃ 정확성 ┃ 정확성을 지니려면 적절한 자료를 이용해야 하며 아리송한 표현이나 개념은 쓰지 말아야겠지요.

┃ 평이성 ┃ '평이하다'는 말은 까다롭지 않고 쉽다는 말입니다. 독자가 내용을 쉽게 이해할 수 있으려면 '평이성'을 가져야 합니다.

(3) 설명문의 짜임

설명문은 흔히 '처음 - 가운데 - 끝'의 삼단 구성을 취합니다. 머리말(서두), 본문, 맺음말(결미)이라고도 하지요. 각 단계별로 어떻게 내용을 담아낼까요?

┃ 머리말 ┃ 설명 대상, 설명 방법, 이유 등을 밝히는 글의 머리 부분입니다.

┃ 본문 ┃ 설명문의 여러 가지 설명 방식에 따라 설명 대상을 구체적으로 설명하는 부분입니다.

┃ 맺음말 ┃ 핵심 내용을 간결하게 정리하고 마무리합니다. 말 그대로 글을 끝맺는 꼬리 부분이지요.

(4) 여러 가지 설명 방식

설명문에는 독자들이 대상을 쉽고 효과적으로 이해할 수 있도록 다음과 같은 설명 방법이 사용됩니다.

▌정의 │ 설명 대상의 용어나 개념을 규정하여 그 특성을 명확하게 이해시키는 설명 방식입니다.

> (예) 정보 사회는 여러 가지 관점에서 규정되고 있다. 한 나라의 산업 구조에서 지식·정보 산업을 포함하는 3차 산업의 취업 인구가 50퍼센트를 넘을 때, 그 나라는 정보 사회로 들어간다고 보는 사람들이 있다. … 이렇게 본다면, 정보 사회란 지식·정보의 생산, 처리, 저장, 전달이 가장 활발하고 중요해진 사회를 말한다.

▌분석 │ 복잡한 것을 단순한 요소나 부분들로 나누어 더욱 세밀하게 다각도로 설명하는 방식입니다. 분석을 할 때는 분석 방법이 체계적이고 일정한 기준에 따른 것이어야 합니다. 대상의 특성을 고려하지 않고 아무렇게나 나누어서 설명하는 것은 올바른 분석이 될 수 없겠지요.

> (예) 보도 기사는 표제, 전문, 본문으로 구성된다. 표제는 제목 혹은 헤드라인이라고도 불리는데 대제목과 소제목으로 구성된다. 전문은 뉴스 기사문의 핵심적인 내용을 요약한 문장으로 요약문 혹은 리드라 불린다. 본문은 전문에 포함된 내용에 기초하여 세부적인 사실을 상세하게 기술한 문장을 말한다.

▌묘사 │ 대상의 형태나 속성을 주로 감각적 인상에 의존하여 있는 그대로 그려내는 설명 방식입니다. 묘사를 하려면 대상의 인상을 잘 파악하고 일정한 순서에 따라 그려내야 합니다. 예를 들어 꽃의 구조를 묘사한다고 해볼까요? 암술, 수술, 꽃잎, 꽃받침 등으로 이루어진 꽃의 구조를 안에서부터 밖으로, 위에서부터 아래로 등 일정한 방향을 갖는 게 좋겠지요.

▌분류 │ 대상을 비슷한 특성에 근거하여 나누거나 묶어 설명하는 방식입니다. 분류를 할 때에는 나누는 기준이 적절하고 그 이유가 분명하게 드러나도록 해야 합니다.

> (예) 언어활동은 기본적으로 말하고 듣고 읽고 쓰는 네 가지로 분류된다. 이 중, 말하기와 듣기는 '음성언어'를 통해 이루어지는 언어활동이고, 읽기와 쓰기는 '문자언어'를 사용하는 언어활동이다.

▌예시 │ 구체적인 예를 들어 구체적으로 이해시키는 설명 방식입니다. 구체적인 사례를 들되 설명하는 내용을 뒷받침하는 예를 들어야겠지요.

> (예) 팬덤은 어떤 대중적인 특정 인물이나 분야에 지나치게 편향된 사람들을 하나의

큰 틀로 묶은 것이다. 텔레비전의 보급과 함께 대중문화가 확산되면서 나타난 현상의 하나로, 팬덤이 문화적 영향력을 행사하면서 '팬덤 문화'라는 말이 탄생했다. 우리나라에서는 1980년대 초부터 등장했는데, 가수 조용필의 '오빠부대'가 한국 팬덤의 시초이다. 이어 가수 서태지가 청소년의 우상으로 떠오르면서 1990년대의 팬덤 문화를 낳았다. 2000년을 전후해서는 수많은 팬클럽이 등장하면서 한국 청소년 문화를 팬덤 문화로 보는 학자들까지 생겨났다.

▌**비교와 대조** │ 둘 또는 그 이상의 대상에 대하여 비슷한 점이나 차이점을 밝혀내는 설명 방식입니다. 유사한 점을 밝혀내는 것을 비교, 차이점을 밝혀내는 것을 대조라고 합니다. 비교와 대조를 하려면 그 대상이 같은 범주에 속하는 것이어야 합니다.

> **예** 음성언어와 문자언어의 특성을 이해하기 위해서는 일단 음성과 문자의 속성에 주목해야 한다. 음성은 소리이기 때문에 청각에 의존해서 전달된다. 또한, 소리이기 때문에 말하고 듣는 그 순간 그 장소에서만 존재하고 곧바로 사라진다. 반면에 문자는 기록이기 때문에 시각에 의해 전달되고, 오랜 기간 동안 보존이 가능하며, 그 기록을 가지고 다른 곳으로 이동할 수도 있다.

▌**유추** │ 복잡하고 어려운 개념을 이와 유사성이 있으며 보다 친숙하고 단순한 개념과 비교하여 쉽게 이해할 수 있도록 하는 방식입니다.

> **예** 황소개구리가 우리나라에 유입되면서 연못 속의 토종개구리가 죽어간 것처럼 영어가 우리나라에서 세력을 키우면 우리말이 힘을 잃고 사라져갈지도 모른다.

▌**서사** │ 연속되는 시간의 흐름 속에서 사건이나 인물의 행동을 시간의 흐름에 따라 서술하는 방식입니다.

> **예** 고려 시대의 농장은 무신 집권기에 대토지 겸병의 진전에 의해 형성되기 시작하여, 대몽 항쟁기를 거쳐 권문세족의 시대에 체제가 잡히고 크게 발전하였다.

▌**과정**過程 │ 시간의 흐름에 따른 사건의 전개 양상을 설명하는 방법입니다. 어떤 결과를 가져오게 하는 행동이나 변화, 기능, 단계, 작용 등을 밝힙니다. 서사가 '무엇'에 초점을 두고 있다면 과정은 '어떻게'에 초점을 두고 있습니다.

> **예** 김치를 만들기 위해서는 먼저 배추를 절여야 한다. 5%의 소금물에 배추를 넣어 하루 정도 절인 뒤에 물에 헹궈낸다. 무를 채 썰어서 고춧가루 등 갖은 양념을 한

후 배추 사이에 끼워 넣는다.

▍인과因果 │ 원인과 결과를 밝혀 설명하거나 결과를 초래한 원인을 밝히는 방식입니다. 원인과 결과는 그 관계가 필연적이어야 하며 원인과 결과가 분명히 구분되어야 합니다.

> **예** 겨울철에 우리나라와 중국, 만주 등지에서 주기적으로 3일 가량 추운 날씨가 계속되다가, 다음 4일 가량은 따뜻한 날씨가 이어지는 기후 현상을 삼한사온이라 한다. 이는 대륙성 고기압의 확장과 이동성 고기압의 통과 주기가 7일 정도이기 때문에 생기는 현상이라고 한다.

▍논증 │ 전제나 근거를 바탕으로 주장을 논리적으로 끌어내는 전개 방식입니다. 논설문에 주로 쓰이지만 적절한 설명을 위해 설명문에서도 쓰이게 됩니다.

(5) 설명문의 독해 방법

그렇다면 설명문을 읽는 독자는 어떻게 설명문을 읽어야 할까요. 우선 무엇을 설명하는지 설명 대상을 파악해야겠지요. 설명 대상은 설명문의 중심 소재 즉 제재가 됩니다. 읽어나가면서 어휘를 파악하는 것도 함께 이루어져야 합니다. 단락별 내용 정리를 잘 해나가는 것도 중요합니다. 주요 단락과 보조 단락을 구별해 봐야 하구요. 단락별 내용을 잘 종합하면 전체 내용과 주제가 파악될 수 있습니다. 정리하자면 다음과 같습니다.

①설명 대상을 파악한다. ②어휘의 개념을 파악하면서 읽는다. ③단락별 내용을 파악한다. ④단락별 핵심 내용을 종합하여 전체 내용을 이해한다. ⑤글의 주제를 정리한다.

▍단락 │ 글에서 독자들이 이해하기 쉽도록 내용상으로 매듭을 짓는 단위를 단락이라고 합니다. 내용 면에서 말할 때는 문단이라고도 하지요.

▍주요 단락과 보조 단락 │ 주요 단락은 설명 또는 주장하고자 하는 내용을 담고 있는 단락이며, 보조 단락은 주요 단락의 내용을 더 자세히 설명하거나(상술), 덧붙여 설명하거나(부연), 강조하는 단락입니다.

2 논설문

(1) 논설문의 개념

┃논설문┃ 자신의 주장을 펴서 독자를 설득하는 것을 목적으로 한 글입니다.

(2) 논설문의 특성

　주장을 펴는 글이니 자신의 주관을 드러내게 됩니다. 그 주관적인 입장이 근거 없는 것이어서는 설득력이 없겠지요. 어떤 주장을 명확하게 담아내야 하고요. 이 같은 특성을 지닌 논설문의 내용이나 문장은 군더더기 없이 간결하고 명확해야 합니다.

┃주관성┃ 글쓴이의 주관적인 생각이 드러나는 특성을 말합니다. 주관성이란 말은 일상생활에서, 시에서 또는 철학에서 조금씩 다른 의미로 사용됩니다. 논설문에서의 주관성이란 글쓴이의 주관적 견해로 아직 객관적인 타당성을 얻지 못했으나 적절성이 있는 것을 뜻한다고 보아야 합니다.

┃주장과 근거┃ 주장은 글쓴이가 내세우고자 하는 의견이고, 근거는 그것을 뒷받침할 수 있는 객관적인 이유입니다. 근거로 삼을 수 있는 것은 논리적 증명 통계자료, 설문, 사료, 전문가의 의견, 신문 기사의 인용, 비유 등 다양합니다.

┃간결성┃ 간단하고 짜임새 있는 특성을 말합니다. 어떤 주장을 길게 늘어지는 말로 표현한다면 듣는 이나 읽는 이에게 쉽게 다가가지 못할 것입니다. 간결한 표현으로 자기주장을 펴고, 그 근거를 댈 때도 간결해야 하지요.

┃명료성┃ 명료하다는 것은 뚜렷하고 분명하다는 뜻이지요. 무엇을 주장하는지 그 의견이 명료해야 하며, 문장의 표현도 명료해야 합니다.

(3) 논설문의 짜임

　자기주장을 설득력 있게 펴나가기 위해 대체로 '서론 – 본론 – 결론'의 3단 구성을 취합니다.

┃서론┃ 글의 앞부분으로 문제를 제기하고, 문제 제기의 배경을 밝힙니다. 주장을 짤막하게 미리 밝히기도 합니다.

(예) 우리는 대체로 머리끝에서 발끝까지를 서양식으로 꾸미고 있다. "목은 잘라도 머리털은 못 자른다."고 하던 구한말의 비분강개를 잊은 지 오래다. (중략)

그러면 민족 문화의 전통을 말하는 것은 반드시 보수적이라는 멍에를 메어야만 하는 것일까? 이 문제에 대한 올바른 해답을 얻기 위해서는, 전통이란 어떤 것이 며, 또 그것은 어떻게 계승되어 왔는가를 살펴보아야 할 것이다.

▌본론 │ 글의 중심 부분입니다. 주장을 본격적으로 전개하는 부분이지요. 주장에 대한 근거를 밝히기도 하고요.

▌결론 │ 글을 끝맺는 부분입니다. 주장을 마무리하고 다시 강조하거나, 요약하여 정리 하기도 합니다. 미진한 문제를 제기하며 마무리하기도 하지요.

(예) 이러한 의미에서, 민족 문화의 전통을 무시한다는 것은 지나친 자기 학대에서 나오는 편견에 지나지 않을 것이다. 따라서 첫머리에서 제기한 것과 같이, 민족 문화의 전통을 계승하자는 것이 국수주의나 배타주의가 될 수는 없다. (중략) 외 래문화도 새로운 문화의 창조에 이바지함으로써 뜻이 있는 것이고, 그러함으로 써 비로소 민족 문화의 전통을 더욱 빛낼 수가 있는 것이다.

(4) 논설문의 논증 방식

논설문의 큰 틀은 주장과 근거입니다. 주장과 근거를 짜임새 있게 보여주기 위해 서 론, 본론, 결론의 짜임을 갖고 있습니다. 서론, 본론, 결론은 주요 단락과 보조 단락으 로 구성되어 있으며 각 단락에는 명제, 논증, 인용, 비유 등 다양한 글의 요소들이 있 습니다.

또 논설문의 논리적 전개를 위해 글쓴이는 연역법, 귀납법, 변증법 등의 논증 방법 을 사용합니다. 이 논증 방법은 논리적 사고 과정이기도 합니다.

∶ 명제 │ 어떤 문제에 대한 하나의 논리적 판단 내용을 언어로 표현한 것입니다. 어떤 사실이나 문제, 가치 등에 대한 사고 작용을 말합니다.

▌연역법 │ 일반적인 원리에서 구체적이고 특수한 사실을 증명하는 방법입니다. 이미 증명되어 하나의 원리가 된 명제를 전제로 새로운 명제를 결론으로 이끌어내는 추리

방법이지요.

> **예** 모든 생명체는 죽는다.   — 대전제(일반적 원리)
>
> 사람은 생명체이다.   — 소전제(구체적 사실)
>
> 그러므로 사람은 죽는다.   — 추론(구체적 원리)
>
> **: 추론** | 어떠한 판단을 근거로 삼아 다른 판단을 이끌어내는 사고 과정을 말해요.

┃ 귀납법 | 구체적이고 개별적인 사실들에서 공통적으로 나타난 현상을 통해 일반적인 원리를 이끌어내는 방법입니다. 귀납추리는 일반화 과정에서 오류가 일어나기 쉽습니다.

> **예** 사람은 죽는다.
>
> 소도 죽는다.
>
> 모기도 죽는다.
>
> 사람, 소, 모기는 생명체다.
>
> 그러므로 모든 생명체는 죽는다. — 일반적 원리

┃ 변증법 | 두 개의 대립되는 개념 '정'과 '반'이 있을 때 이 둘의 성질을 합하여 더 발전적인 '합'을 이끌어내는 사고입니다.

> **예** 경쟁이 없으면 인간은 나태함에 빠지고 사회는 발전하지 못한다고 말하는 사람이 있다. 그러나 모든 면에서 경쟁 지향적인 우리 사회에서 무기력에 빠진 인간을 양산하고 진취적이지 못한 사회 풍토를 만들어내고 있다. 이제 무분별한 줄세우기식 경쟁에서 벗어나 인간다움을 위한 노력과 공동체적 유대 속에서 선의의 경쟁을 할 수 있게 해야 한다. 그럴 때에 진정한 활력과 진보가 가능하다.

(5) 논설문의 독해 방법

논설문의 글쓴이는 자신의 주장을 펴고 독자를 설득하기 위해 글을 씁니다. 독자는 논제는 무엇이며, 주장하는 바는 무엇인지, 주장에 대한 근거는 옳은지 판단해야 합니다. 사실과 의견을 구분할 줄도 알아야겠지요.

┃ 논제 | 논하고자 하는 것의 주제 또는 제목을 가리킵니다.